Ulrich Parzany
Wir haben hier keine bleibende Stadt …

Ulrich Parzany

Wir haben hier
keine bleibende Stadt …

SCM R.Brockhaus

SCM
Stiftung Christliche Medien

Dieses Werk einschließlich aller seiner Teile ist urheberrechtlich geschützt. Jede Verwendung außerhalb der engen Grenzen des Urheberrechtsgesetzes ist ohne vorherige schriftliche Einwilligung des Verlages unzulässig und strafbar. Das gilt insbesondere für Vervielfältigungen, Übersetzungen und die Einspeicherung und Verarbeitung in elektronischen Systemen.

1. Auflage 2013, 2. Gesamtauflage

© 2012 SCM R.Brockhaus im SCM-Verlag GmbH & Co. KG
Bodenborn 43 · 58452 Witten
Internet: www.scm-brockhaus.de · E-Mail: info@scm-brockhaus.de

Die Bibelverse sind, wenn nicht anders angegeben,
folgender Ausgabe entnommen:
Lutherbibel, revidierter Text 1984, durchgesehene Ausgabe in neuer Rechtschreibung, © 1999 Deutsche Bibelgesellschaft, Stuttgart.

Umschlaggestaltung: Susanne Wittemeier, Düsseldorf
Titelbild: Tabea Siegel, Nürnberg
Satz: Breklumer Print-Service, Breklum
Druck und Bindung: CPI – Ebner & Spiegel, Ulm
Gedruckt in Deutschland
ISBN 978-3-417-26541-5
Bestell-Nr. 226.541

Inhalt

Unterwegs zum letzten Umzug	7
Eine politische Frechheit	11
Eine religiöse Respektlosigkeit	13
Das Wort im Zusammenhang	15
Ist das sicher?	22
Was wir unterwegs tun	26
Der Vorläufer Abraham – ein Modell	30
Städte boten Sicherheit	37
Städte versprechen Reichtum	42
Die Stadt der Zukunft	46
Gott schafft die neue Stadt	49
Gott selbst ist das Stadtzentrum	52
Die heilige Hauptstadt der Welt	56
Es gibt ein Draußen	60
Eine gesungene Predigt	62
Zielstrebig leben	66
Der Jerusalem-Psalm	71
Städte zum Weinen	76
Sucht der Stadt Bestes!	82
Zwangsweise und bereitwillig mobil	87
Die Zeit drängt	96
Vom Abschiednehmen	103
Gott hat uns nicht vergessen!	115
Der rote Faden der Zukunft	122

Unterwegs zum letzten Umzug

Wenn ich alle Studentenbuden mitzähle, bin ich in meinem Leben bisher sechzehnmal umgezogen. Ist das viel oder wenig – verteilt auf sieben Jahrzehnte? Es gibt wahrscheinlich Leute, die sind mobiler, andere sind sesshafter. Man sucht es sich nicht immer aus. Wem es Spaß macht, der zieht wie ein Nomade durch die Welt. Andere sind wie Eichen im Heimatboden verwurzelt.

Meine Frau und ich wohnen zur Miete und sprechen gelegentlich darüber, ob und wann ein weiterer Umzug nötig ist. Bisher wurden Ortswechsel durch Studium und Beruf verursacht. Im Alter stellen sich die Fragen anders. Die Kinder sind selbständig. Wie viel Raum ist noch nötig? Was kann man bezahlen? Wie ist es mit den Treppen? Und wohin mit den vielen Sachen, die man im Laufe des Lebens angesammelt und nicht rechtzeitig entsorgt hat? Bei Bücherwürmern wie mir gibt es da auch noch die Bücherwände …

Der englische Theologe John Stott, der 2011 im gesegneten Alter von 90 Jahren gestorben ist, hat in seinem letzten Buch das Leben als eine Pilgerreise zwischen zwei Zuständen der Nacktheit beschrieben. Man kommt nackt auf die Welt und kann im Tode nichts mitnehmen. Den Anfang finden wir ganz nett, weil wir, wenn es gut geht, den Zustand der Nacktheit und Hilflosigkeit überwinden, wenigstens teilweise. Je länger, desto weniger gefällt es uns, hilflos und auf andere angewiesen zu sein. Wir werden selbständig und unabhängig. Wenigstens möchten wir das gern werden.

Im Alter stellt sich dann heraus, dass wir noch hilfsbedürftiger werden, als wir trotz der behaupteten

Selbständigkeit schon immer waren. Wer seine Menschenwürde in der Selbständigkeit und Unabhängigkeit sieht, muss folglich die zunehmende Schwäche und Hilfsbedürftigkeit im Alter als schweres Problem ansehen.

Dank der verbesserten Lebensbedingungen ist das zu erwartende Lebensalter in unseren Breiten stark angestiegen. Mädchen, die heute geboren werden, sollen eine durchschnittliche Lebenserwartung von 92 Jahren haben. Jungen einige Jahre weniger. Damit ist aber automatisch verbunden, dass diese alten Menschen auch schwächer und hilfsbedürftiger werden. Gegenwärtig werden 1,3 Millionen Demenzkranke in Deutschland gezählt. Im Jahr 2050 sollen es doppelt so viele sein. Es ist nicht zu bestreiten, dass das Alter sehr beschwerlich sein kann. Im Buch des Predigers Salomo lesen wir in 12,1:

Denk an deinen Schöpfer in deiner Jugend, ehe die bösen Tage kommen und die Jahre sich nahen, da du sagen wirst: »Sie gefallen mir nicht.«

In jedem Fall ist es hilfreich – egal, wie alt wir sind –, wenn wir uns nicht in Illusionen wiegen, als könnten wir ohne die Hilfe anderer leben. Es ist unmenschlich, die Würde des Menschen von seiner Leistung und Leistungsfähigkeit oder gar von seiner Selbständigkeit und Unabhängigkeit abhängig zu machen. Unser Leben ist Gottes Geschenk. Wir leben von Anfang bis Ende vom Empfangen und vom Beschenktwerden. Alles wirklich Wichtige im Leben können wir weder kaufen noch erarbeiten. Vom leiblichen Leben angefangen über Vertrauen und Liebe, die Zeit und die Ewigkeit – wir bekommen alles geschenkt. Die Rechnung der Leistungsgläubigen geht nicht auf. »Nur Arbeit war sein Leben«, ist ein passender Spruch für eine Maschine, nicht einmal auf ein Pferd passt er.

Es mindert die Würde des Menschen nicht, dass er auf Empfangen und Hilfe angewiesen ist. Im Gegenteil: Es gehört gerade zu seiner Würde. Darum ist es menschlich, wenn wir uns mitsamt unserer Hilfsbedürftigkeit ansehen, annehmen und wertschätzen. Wenn wir das nicht lernen, werden wir in einer älter werdenden Gesellschaft unmenschliche Zustände erleben. Dann wird die Organisation der Beihilfen zum sogenannten menschenwürdigen Sterben, bei der es doch nur um möglichst problemlose Entsorgung der alten Menschen geht, im Vordergrund stehen.

Die Frage nach dem letzten Umzug stellt sich unausweichlich. Wir haben hier keine bleibende Stadt. Geht es dabei nur um die Frage »Wie viel Erde braucht der Mensch?«, die Tolstoi in seiner Erzählung von dem Bauern Pachom stellt? Der Landwirt erhält die Möglichkeit, so viel Land zu erwerben, wie er von Sonnenaufgang bis Sonnenuntergang umwandern kann. In seiner Habgier will er immer noch weitergehen, überschätzt seine Kräfte und bricht kurz vor Sonnenuntergang tot zusammen – und kurz, bevor er den Ausgangspunkt erreicht. Am Schluss heißt es: »Der Knecht nahm die Hacke, grub Pachom ein Grab, genauso lang wie das Stück Erde, das er mit seinem Körper, von den Füßen bis zum Kopf, bedeckte – sechs Ellen –, und scharrte ihn ein.«

Es befördert durchaus unsere Lebensweisheit, wenn wir uns des Umzugs unseres Körpers in Sarg und Grab bewusst sind – und das nicht erst, wenn wir im Seniorenalter sind. Aber es ist noch eine ganz andere Sache, wenn wir uns des Umzugs in Gottes neue Stadt gewiss sein können. Davon redet Hebräer 13,14: *Wir haben hier keine bleibende Stadt, sondern die zukünftige suchen wir.* Wir werden in diesem Buch nach der Stadt der Zukunft Ausschau halten. Ich schreibe es mit der Absicht und dem Wunsch, dass das Leben der Leser von einer zukunftsträchtigen Vorwärtsbewegung erfasst und einer brennenden Hoffnungsfreude erfüllt wird. Wir werden aber nicht versäumen, auch über das notwendige Loslassen und Verabschieden nachzudenken. Auf diese Weise wollen wir diesen Vers durchbuchstabieren. Wir wollen ihn in seinem biblischen und geschichtlichen Zusammenhang bedenken und manchen Beobachtungen und Gedanken Raum geben, die dadurch ausgelöst werden.

Ich wünsche Ihnen Gottes Segen bei dieser Entdeckungsreise!

Eine politische Frechheit

Wir haben hier keine bleibende Stadt, sondern die zukünftige suchen wir. Der Satz war und ist eine politische Frechheit.

Die ganze damalige Welt bewunderte das ewige Rom – »Roma Aeterna«. Die Welthauptstadt hatte im 1. Jahrhundert nach Christus etwa eine Million Einwohner und konnte prachtvolle Bauten, vierstöckige Häuser für Mietwohnungen, eine ausgezeichnete Wasserversorgung und sogar ein funktionierendes Abwassersystem vorweisen. Vor allem war sie das Zentrum der Macht in der Welt. Rom, die ewige Stadt, war selbstverständlich die bleibende, also auch die zukünftige Stadt. Niemand wagte das zu bezweifeln, jedenfalls nicht ausdrücklich und öffentlich.

Nur diese jüdische Sekte, die daran glaubte, dass mit Jesus von Nazareth der verheißene Messias Gottes bereits gekommen sei, ließ sich vom ewigen Rom nicht besonders beeindrucken. Sie benahmen sich nicht aufrührerisch. Im Gegenteil. Sie zahlten brav ihre Steuern, von denen Rom eine Menge erhob. Sie respektierten die Arbeit der Regierung, soweit sie halbwegs für Recht und Gerechtigkeit, für Frieden und wirtschaftliches Auskommen sorgte. Sobald die Machthaber aber den Bogen überspannten und sich als die höchsten Autoritäten über das Gewissen der Menschen aufspielten, stießen sie bei den Jesus-Leuten auf Granit. *Man muss Gott mehr gehorchen als den Menschen* (Apostelgeschichte 5,29). So schlicht und einfach war ihre Überzeugung. Aber dafür ließen sie sich prügeln, köpfen und aufhängen.

Nein, Rom war nicht die Vision dieser Leute, die

man seit einiger Zeit nach ihrem Glauben an Jesus Christus »Christen« nannte. Sie waren keine Mitläufer und Speichellecker der Mächtigen. Rom war für den Missionar Paulus nur eine Durchgangsstation. Dort gab es eine große Christengemeinde, die er in einem Brief ausführlich über die Grundlagen und Konsequenzen des Glaubens an Jesus Christus informierte. Paulus wollte in Rom Station machen, um von dort aus nach Spanien weiterzureisen und die Botschaft von Jesus in diese unerreichte Gegend Europas zu tragen. Rom war nichts weiter als ein Etappenziel.

Die ganze Welt sollte die Botschaft von der Rettung durch Jesus Christus hören. Erst dann würde Gottes Herrschaft in Herrlichkeit aufgerichtet. So hatte Jesus es angekündigt: *Und es wird gepredigt werden dies Evangelium vom Reich in der ganzen Welt zum Zeugnis für alle Völker, und dann wird das Ende kommen* (Matthäus 24,14).

Dann wird Gott die Hauptstadt der neuen Welt Gottes, das neue Jerusalem, errichten. Die wichtigtuerische Welthauptstadt Rom schrumpft auf das Maß eines Zwischenlagers.

Eine religiöse Respektlosigkeit

Wir haben hier keine bleibende Stadt, sondern die zukünftige suchen wir. Dieser Satz war auch eine religiöse Respektlosigkeit.

Die meisten Mitglieder der Jesus-Gemeinschaft waren Juden. Sie hatten nie die Absicht, etwas anderes zu sein oder zu werden. Im Gegenteil, durch ihren Glauben an Jeschua ha-Maschiach, Jesus, den Messias, waren sie zur Erfüllung der Verheißungen des Gottes Abrahams, Isaaks und Jakobs gekommen. All die Versprechen, die Gott Abraham, Mose, König David und dem Volk Israel durch die Propheten gegeben hatte, waren durch den Messias Jesus erfüllt. Damit war das Volk Israel in die entscheidende Phase der Geschichte Gottes mit der Welt eingetreten. In dem Messias Jesus hatten sie ihre Identität als Juden, als Glieder des erwählten Volkes Gottes klarer gefunden als je zuvor. Und so bezeugen es auch heute die Juden, die an Jesus als den Messias glauben. Sie nennen sich Messianische Juden, um damit auszudrücken, dass sie nicht vom Judentum zu einer anderen Religion konvertiert sind, als sie sich entschieden, dem Messias Jesus zu vertrauen und zu folgen.

Nach der Prophetie Hesekiels erwarteten die Juden die Wiederherstellung des Tempels und der Stadt Jerusalem (vgl. Hesekiel 40–48). Umso erstaunlicher ist es, dass das Neue Testament die Vision von der Erhaltung bzw. Wiederaufrichtung der Stadt Jerusalem nicht aufnimmt, sondern die »Stadt des lebendigen Gottes«, das himmlische Jerusalem ankündigt (vgl. Hebräer 12,22). Und in der Offenbarung des Johannes 21,1-2 heißt es:

Und ich sah einen neuen Himmel und eine neue Erde; denn der erste Himmel und die erste Erde sind vergangen, und das Meer ist nicht mehr. Und ich sah die heilige Stadt, das neue Jerusalem, von Gott aus dem Himmel herabkommen, bereitet wie eine geschmückte Braut für ihren Mann.

Das ist also die zukünftige Stadt, zu der die Jesus-Leute streben, die sie aufsuchen.

Schauen wir genauer hin, was das bedeutet. Dabei wollen wir – gemäß den Regeln einer soliden Bibelauslegung – zuerst den Zusammenhang des Wortes im 13. Kapitel des Hebräerbriefes betrachten.

Das Wort im Zusammenhang

Der Verfasser des Briefes an die Hebräer wird nicht genannt. Viele haben ihn dem Paulus zugeschrieben. Das ist aber nicht belegt und nicht nachgewiesen. In der Überschrift heißt es nur »An Hebräer«. Der Brief nimmt stark Bezug auf das Alte Testament. Darum liegt die Annahme nahe, dass er sich an Judenchristen richtete, die sich in den alttestamentlichen Schriften gut auskannten. Aber auch für sogenannte Heidenchristen, also Nichtjuden, die sich zu Jesus bekehrt hatten, war es notwendig, den inneren Zusammenhang von altem und neuem Bund zu verstehen. Denn die Heidenchristen sind durch Jesus ein Teil des Gottesvolkes Israel geworden. Sie sind als Zweige in den Stamm und die Wurzel des Ölbaums eingepfropft worden, wie Paulus es in Römer 9–11 beschreibt. Darum kann man das Neue Testament nicht ohne das Alte Testament verstehen. Bischof Augustinus (354–430 n.Chr.) hat geschrieben: »Novum Testamentum in Vetere latet. Vetus in Novo patet.« Das heißt: Das Neue Testament ist im Alten verborgen, und das Alte Testament ist im Neuen offenbar. Das gilt für alle Schriften der Bibel. Im Hebräerbrief wird es besonders deutlich.

Der Brief beginnt mit einem starken Bekenntnis zu Jesus Christus:

Nachdem Gott vorzeiten vielfach und auf vielerlei Weise geredet hat zu den Vätern durch die Propheten, hat er in diesen letzten Tagen zu uns geredet durch den Sohn, den er eingesetzt hat zum Erben über alles, durch den er auch die Welt gemacht hat. Er ist der Abglanz seiner Herrlichkeit und das Ebenbild seines Wesens und trägt alle Dinge mit seinem kräftigen Wort und hat vollbracht die Reinigung von den Sünden und hat sich gesetzt zur Rechten der Majestät in der Höhe und ist so viel höher geworden als die Engel, wie der Name, den er ererbt hat, höher ist als ihr Name (Hebräer 1,1-4).

Damit ist Jesus in die gesamte Gottesgeschichte mit Israel eingebunden. In Jesus zeigt sich Gott als der Schöpfer und Erhalter des Weltalls. Jesus ist auch das Ziel der Geschichte. Durch ihn geschieht die Erlösung der Welt. Er ist Herr über alle Mächte. Das ist ein umfassendes Bekenntnis.

In den folgenden Kapiteln des Briefes wird die Bedeutung von Jesus im Einzelnen entfaltet und begründet. Dabei wird deutlich, dass in Jesus der Dienst des Hohepriesters zur Erfüllung kommt. Der Hohepriester hatte die wichtige Aufgabe, am jährlichen Großen Versöhnungstag (Jom Kippur) das Sühnopfer für Israel darzubringen. Zu diesem Zweck durfte nur er das Allerheiligste im Tempel betreten und das Blut des Opfertieres an der Stelle ausgießen, wo die Bundeslade mit den Gesetzestafeln stand. Allerdings bestand immer eine gewisse Unsicherheit, ob der Hohepriester wirklich rein und das Opfertier fehlerlos und für Gott annehmbar waren. Durch Jesus wird diese Unsicherheit überwunden. Er ist das vollkommene Opfer und der reine Hohepriester zugleich, durch den die Versöhnung mit Gott geschieht. Im Alten Testament wird also modellhaft vorgebildet, was in Jesus Christus zur endgültigen Erfüllung kommt. So ist der gekreuzigte, auferstandene und erhöhte Jesus Christus gleichzeitig Ursache und Garantie unserer Errettung und Versöhnung mit Gott.

Der Hebräerbrief stellt Jesus vor unsere Augen und macht uns dadurch unserer Errettung gewiss. In einigen Kapiteln beschreibt der Verfasser des Briefes die Konsequenzen, die unsere Rettung durch Jesus für die Gestaltung unseres Lebens hat. Auch dabei stellt er uns in den Zusammenhang der gesamten Geschichte Gottes mit den Menschen. Besonders eindrücklich geschieht das in der Parade der Glaubenden von Abel an im 11. Kapitel.

Im 13. Kapitel werden zum Abschluss einige praktische Mahnungen angefügt, zum Beispiel zu den Themen Gastfreundschaft, Barmherzigkeit, Ehe, Umgang mit Geld ... Im Anschluss wird Jesus Christus wieder in die Mitte gestellt: *Jesus Christus gestern und heute und derselbe auch in Ewigkeit* (Hebräer 13,8). Das ist offenbar nötig, weil die Nachfolger des Jesus Christus in ihrem Glauben angefochten wurden. Wahrscheinlich wurde ihre Lebensweise von jüdischer Seite in Frage gestellt. Es ging um die Einhaltung der Speise- und Reinheitsgebote. Die meisten Mitglieder der Jesus-Gemeinschaft waren Juden. Sie lebten jetzt aber zusammen mit Jesus-Nachfolgern, die aus dem Heidentum gekommen waren. Im ganzen Neuen Testament lesen wir, dass es heftige Auseinandersetzungen in den Gemeinden gab, ob man den jüdischen Regeln folgen müsse oder nicht. Der Hebräerbrief zeigt sehr ausführlich, dass die Verheißungen und Gebote Gottes im Alten Bund in Jesus zur vollkommenen Erfüllung geführt worden sind. Also konnte das Vorläufige und Zeichenhafte des Alten Bundes jetzt nicht mehr bindend sein. Speise- und Reinheitsgebote mussten nicht mehr beachtet werden. Darum mahnt und ermutigt der Hebräerbrief die angefochtenen Christen:

Lasst euch nicht durch mancherlei und fremde Lehren umtreiben, denn es ist ein köstlich Ding, dass das Herz fest werde, welches geschieht durch Gnade, nicht durch Speisegebote, von denen keinen Nutzen haben, die damit umgehen. Wir haben einen Altar, von dem zu essen kein Recht haben, die der Stiftshütte dienen. Denn die Leiber der Tiere, deren Blut durch den Hohenpriester als Sündopfer in das Heilige getragen wird, werden außerhalb des Lagers verbrannt. Darum hat auch Jesus, damit er das Volk heilige durch sein eigenes Blut, gelitten draußen vor dem Tor. So lasst uns nun zu ihm hinausgehen aus dem Lager und seine Schmach tragen (Hebräer 13,9-13).

In diesem Zusammenhang geht es nicht nur darum, dass die Speisegebote keine Bedeutung mehr haben. Was geschah im Tempel, wenn der Hohepriester am großen Versöhnungstag die Opfer darbrachte? Er trug das Blut ins Allerheiligste und goss es dort aus. Die Tierkörper aber blieben nicht in der Stiftshütte, dem Zeltheiligtum (und später im Tempel), sondern wurden außerhalb des Lagers Israels bzw. der Stadt Jerusalem verbrannt. Dieser Vorgang ist wie eine modellhafte Vorabbildung dafür, dass Jesus auf Golgatha vor den Stadtmauern Jerusalems gekreuzigt wurde. Er wurde aus der Gemeinschaft der Gottesstadt ausgeschlossen und stellvertretend für uns Menschen verflucht.

Ausführlich hat der Hebräerbrief beschrieben, dass Jesu Sterben am Kreuz uns zugutekommt. Jesus wird ausgestoßen, damit wir in die Gemeinschaft mit Gott aufgenommen werden können. Wir empfangen die Versöhnung mit Gott als Geschenk. Nun aber wird aus dem Weg Jesu nach Golgatha noch eine andere Folgerung gezogen: *So lasst uns nun zu ihm hinausgehen aus dem Lager und seine Schmach tragen* (Hebräer 13,13).

Die jüdische Kritik tat den Jesus-Nachfolgern weh. Sie waren doch Juden und gehörten weiter zum Volk

Gottes. Ja, durch den Messias Jesus waren sie ganz und gar zur Bestimmung Israels gekommen. Sie waren in der Gottesstadt Jerusalem zu Hause. Jetzt aber wurden sie aus der Stadt gewiesen, weil sie angeblich die Hausordnung – die Speisegebote – nicht einhielten. Der Verfasser des Briefes ermutigt sie, diese Schmach auf sich zu nehmen und so dem Vorbild von Jesus zu folgen.

Jetzt folgt der Satz, der uns als Leitwort in diesem Buch beschäftigt: *Denn wir haben hier keine bleibende Stadt, sondern die zukünftige suchen wir.*

Der Zusammenhang zeigt uns die tiefe Bedeutung. Es geht um viel mehr als um die Vergänglichkeit aller Dinge, von denen wir einmal Abschied nehmen müssen. Selbst das Zentrum des Volkes Gottes, die Stadt Jerusalem, den Ort der versprochenen Gegenwart Gottes im Tempel, den Ort der Versöhnungsopfer und der Lobgesänge Israels, mussten die Judenchristen verlassen. Ganz selbstverständlich war die große Jesus-Gemeinde in Jerusalem nach Pfingsten täglich zu ihren gemeinsamen Gottesdiensten und zu den Gebetszeiten in die Tempelhöfe gegangen (vgl. Apostelgeschichte 2,46; 3,1; 5,12). Auch der Apostel Paulus hatte das getan, wenn er nach Jerusalem kam (vgl. Apostelgeschichte 21,26). Nun aber wurden die Jesus-Leute sozusagen innerlich aus Jerusalem vertrieben, wie es ja auch äußerlich nach der Steinigung des Stephanus geschehen war (vgl. Apostelgeschichte 7,54-60). Der größte Teil der Tausende Menschen zählenden Gemeinde musste Jerusalem verlassen (vgl. Apostelgeschichte 8,1-4).

Es ist ein großes Wunder, dass diese Vertreibung nicht die Zerstörung des Glaubens an Jesus Christus und die Vernichtung der Gemeinde bewirkt hat. Im

Gegenteil, sie war der Beginn der Weltmission. Die Vertriebenen klagten nicht über ihr schreckliches Schicksal, sondern sie erzählten von Jesus, wo immer sie hinkamen – in Judäa und Samaria. Wir lesen, dass sie damals auch in die drittgrößte Stadt des Römischen Reiches, nach Antiochia in Syrien, kamen. Und dort ging es erst richtig los. Von Antiochia startete Paulus seine Missionsreisen (vgl. Apostelgeschichte 13,1-3; 15,36-41).

Trotzdem war und ist Jerusalem für jeden Juden die Heimatstadt des Volkes Gottes. Selbst ich, der ich nur ein Jahr lang in Jerusalem gelebt und gearbeitet habe, habe Heimatgefühle, wenn ich an diese Stadt denke. Nicht aus sentimentalem Heimweh, sondern weil dieser Stadt so viele Verheißungen Gottes gelten, die doch alle irgendwie zur Erfüllung kommen – gekommen sind oder kommen werden. Und weil Gott in dieser Stadt von David an bis zur Kreuzigung und Auferweckung von Jesus und zur Ausgießung des Heiligen Geistes die zentralen Ereignisse seiner Weltgeschichte geschehen ließ. Wie kann man von dieser Stadt Abschied nehmen?

Es ist nicht ganz sicher, ob der Hebräerbrief vor oder nach der Zerstörung Jerusalems und des Tempels im Jahre 70 n.Chr. geschrieben wurde. In jedem Fall war diese Zerstörung ein schreckliches Ereignis für Gottes Volk – aus altem und neuem Bund. Was auch immer Gott in der Geschichte noch mit der Stadt Jerusalem vorhat: Das Jerusalem auf Erden bleibt nicht das letzte Zuhause. Gottes Volk ist unterwegs, um die zukünftige Stadt aufzusuchen.

In der Luther-Übersetzung heißt es: ... *sondern die zukünftige [Stadt] suchen wir.* Das könnte man so verstehen, als wäre die Stadt unbekannt, ja, man wüsste vielleicht gar nicht, ob es sie gibt. Man ist eben auf der Suche. Aber das griechische Tätigkeitswort bedeutet aufsuchen, danach streben. Die zukünftige Stadt wird es gewiss geben. Sie ist bekannt, aber noch haben wir sie nicht erreicht. Doch wir dürfen uns schon heute nach ihr ausstrecken.

Ist das sicher?

Worauf gründen wir die Gewissheit, dass es eine zukünftige Stadt für uns geben wird?

Die Hoffnung auf die neue Welt Gottes steht und fällt mit der Auferweckung des gekreuzigten Jesus Christus an Ostern. Indem Gott den Leichnam des Gekreuzigten auferweckt, verwandelt er ihn in die Wirklichkeit des Schöpfers. Damit ist die Todesgrenze endgültig durchbrochen. Mit dem auferstandenen Jesus beginnt die neue Schöpfung. Die Auferweckung von Jesus ist der erste Akt der Auferweckung aller Toten am Ende der Weltgeschichte. Diesen inneren Zusammenhang beschreibt Paulus im 15. Kapitel des 1. Korintherbriefes. Weil Jesus Christus auferstanden ist, werden die Toten auferstehen. Wenn die Toten nicht auferstehen, ist auch Jesus nicht auferstanden. Wenn Jesus nicht auferstanden ist, werden auch die Toten nicht auferstehen.

Hoffen wir allein in diesem Leben auf Christus, so sind wir die elendesten unter allen Menschen. Nun aber ist Christus auferstanden von den Toten als Erstling unter denen, die entschlafen sind (1. Korinther 15,19-20).

Die Auferweckung von Jesus ist also die sichere Voraussetzung für die Auferweckung der Toten am Ende der Geschichte. Unsere Frage ist jetzt allerdings: Ist Jesus tatsächlich auferstanden? Kann ich sicher sein? Es ist ja offensichtlich, dass viele das bestreiten. Sie halten die Ostergeschichten für Legenden und den Glauben an Jesus für Einbildung.

In aller Kürze will ich hier zwei Hinweise geben, wie wir zur Gewissheit kommen können:

1. Die Angaben der Bibel können wir prüfen. Es gibt eine Reihe von Indizien, dass die Berichte über die Auferweckung von Jesus glaubwürdig sind. Wäre das Grab nicht leer gewesen, hätten die Gegner schnell die Leiche vorzeigen und die Behauptung von der Auferweckung des Jesus Christus widerlegen können.

Die Evangelien berichten, dass Frauen die ersten Zeugen des leeren Grabes und sogar einer Begegnung mit Jesus gewesen sind. Frauen wurden damals aber als Zeugen vor Gericht nicht anerkannt. Wenn die Auferstehungsberichte erfunden worden wären, hätte man sicher nicht Frauen als Zeugen auftreten lassen.

Paulus berichtet in 1. Korinther 15, dass der Auferstandene zu verschiedenen Zeiten verschiedenen Männern an verschiedenen Orten begegnet ist. Er berichtet von 500 Brüdern, denen Jesus begegnete. Er sagt ausdrücklich, dass einige von ihnen zur Zeit der Abfassung des 1. Korintherbriefes noch leben. Die Leser des Briefes konnten also die Zeugen befragen. Paulus nennt an dieser Stelle nur Männer. Er tut das, weil er ja für die damalige Zeit gerichtsverwertbare Zeugenaussagen bieten will. Also nur Männer.

Ich weiß, dass viele Kritiker die Zuverlässigkeit der Aussagen des Neuen Testamentes in Zweifel ziehen. Ich meine, die Indizien für die Zuverlässigkeit sind belastbar.

2. Historische Aussagen können leider nie hundertprozentige Gewissheit geben, weil der Historiker nicht ausschließen kann, dass irgendwann neue Quellen gefunden und dadurch neue Erkenntnisse gewonnen werden. Wenn die Berichte der Bibel behaupten, dass Jesus auferstanden ist, dann dürfen wir erwarten, dass er als der Lebende sich uns selbst so bezeugt,

dass unsere Zweifel überwunden werden. Der Weg zur Erkenntnis geht immer nach der Methode: Die Behauptung hören, dann die Worte von Jesus im Alltag anwenden und dadurch die Erkenntnis gewinnen, ob etwas dran ist oder nicht. Auf diese Weise gewinnen wir auch in anderen Bereichen unsere Erkenntnisse: mehr oder weniger wahrscheinliche Vermutung – Experiment der praktischen Anwendung (das kostet immer Vertrauen und enthält ein gewisses Risiko) – Ergebnis, ob die Vermutung stimmte oder nicht. Bei Personen gilt, dass wir dieses Vertrauensexperiment immer selbst machen müssen. Ich kann nicht andere ausprobieren lassen, ob z.B. ein Mensch mich liebt. Bei Sachen – zum Beispiel bei naturwissenschaftlichen Experimenten – können auch andere die Experimente für mich durchführen.

Bei Jesus geht es nach der Methode, die er selbst so beschrieben hat: *Meine Lehre ist nicht von mir, sondern von dem, der mich gesandt hat. Wenn jemand dessen Willen tun will, der wird innewerden (erkennen), ob diese Lehre von Gott ist oder ob ich von mir selbst aus rede* (Johannes 7,16-17). Über dieses Experiment des Vertrauens werden wir Gewissheit über Jesus erhalten. Es gibt also keinen Beweis ohne eigene Beteiligung. Wer nur Zuschauer bleiben will, kommt über seine Zweifel und Vorurteile nicht hinaus. Jesus aber hat versprochen, sich uns selbst zu beweisen, wenn wir uns auf sein Wort einlassen.

In diesem Doppelschritt – die Berichte der Bibel prüfen und das Wort von Jesus anwenden – können wir Gewissheit bekommen. Wenn dieser Einstieg gelungen ist, können wir auf den Aussagen der Bibel aufbauen, dass die Auferweckung von Jesus der erste Akt der Auferweckung aller Toten ist. Nach der Auferweckung der Toten hält Jesus das Weltgericht und schafft den neuen Himmel und die neue Erde. Damit kommt die neue Stadt.

Noch wohnen wir nicht in ihr. Wir sind unterwegs, um sie aufzusuchen. Wir werden uns noch damit beschäftigen, warum die zukünftige Welt Gottes ausgerechnet in der Gestalt einer Stadt angekündigt wird. Verlassen wir einen Augenblick dieses Bild, wie es der Schreiber des Hebräerbriefes im nächsten Vers auch tut. Dabei sagt er jedoch klar und deutlich, was geschehen soll, wenn wir zur zukünftigen Stadt unterwegs sind.

Was wir unterwegs tun

Gleich in dem Satz, der unserem Mottowort folgt, beschreibt der Hebräerbrief, was wir auf dem Weg in die zukünftige Stadt tun. Worin drückt sich aus, dass wir die zukünftige Stadt aufsuchen, zu ihr hinstreben?

So lasst uns nun durch ihn Gott allezeit das Lobopfer darbringen, das ist die Frucht der Lippen, die seinen Namen bekennen. Gutes zu tun und mit andern zu teilen vergesst nicht; denn solche Opfer gefallen Gott.

(Hebräer 13,15-16)

Gott loben und Gutes tun, indem wir mit anderen teilen – das soll die Beschäftigung der Jesus-Leute auf dem Weg zur zukünftigen Stadt sein. Warum? Weil wir auf diese Weise schon jetzt vorwegnehmen, was in Gottes neuer Welt in Vollkommenheit geschehen wird. Gott wird alles in allem sein. Das Universum wird ihn anbeten. Und dort werden wir die Fülle des Lebens haben; Mangel, Leid und Not wird es nicht mehr geben. Wir haben vollen Anteil an Gottes Schöpferreichtum. Indem wir heute schon miteinander teilen, geben wir einander die Vorauszahlungen Gottes weiter, die er uns bereits gegeben hat. Wir leben jetzt schon gut von den Zinsen aus dem Kapital, das wir in Gottes zukünftiger Herrlichkeit ganz besitzen und genießen werden.

Da ist eine fröhliche Gemeinschaft unterwegs zum Ziel. Sie singt mit Freuden das Lob Gottes und teilt großzügig miteinander, weil sie keinen Mangel befürchten muss. Gott loben und Gutes tun – das ist der zweifache Beweis dafür, dass Menschen mit Jesus auf dem Weg in die zukünftige Stadt sind.

Beides sollen wir nicht vergessen, fordert uns der Apostel auf. Denn wir sind beschäftigte Leute. Sorgen und Freuden füllen unsere Köpfe und Herzen. Da vergessen wir vieles. Wer auf ein Ziel zuläuft, muss sich so bewegen, dass er dem Ziel näher kommt. Gott ist das Zentrum der zukünftigen Stadt. Wenn wir dort sind, werden wir den ganzen Reichtum des Lebens aus Gott erleben und miteinander teilen. Das wird die herrliche Wirklichkeit am Ziel sein. Wir werden den Reichtum Gottes genießen und Gott loben. Also dürfen wir beides unterwegs auf keinen Fall vergessen.

Damit ist auf einfache Weise der Sinn unseres Lebens beschrieben. Er ist ein doppelter: Gott loben und einander Gutes tun. Diese Beschreibung für den Sinn des Lebens gilt für uns alle. Aber sie wird in sehr spezieller Weise in jedem Leben Gestalt gewinnen. Jeder von uns ist ein einzigartiges Geschöpf Gottes. Wir haben unterschiedliche Begabungen und Begrenzungen. Wir leben zu unterschiedlichen Zeiten und mit verschiedenen Menschen unter sehr unterschiedlichen Lebensbedingungen. Darum wird sozusagen der gleiche Text auf sehr verschiedene Melodien gesungen. Oder anders gesagt: Der gleiche Rahmen wird mit sehr verschiedenen Inhalten gefüllt.

Bei einer ProChrist-Woche interviewte der Moderator einen jungen Mann, der von Kindheit an mit Behinderungen zu leben hatte. Man konnte die Beklommenheit im Saal spüren, als er nach seinen Erfahrungen gefragt wurde. Seine Einschränkungen waren offensichtlich. Jeder im Saal war auf begründete Klagen gefasst. Da sagte der Mann: »Es ist alles anders gekommen, als ich gedacht habe.« Dann machte er eine kurze Pause, in der die Hörer sich auf einen Bericht über weitere Schicksalsschläge einstellten. Der Mann fuhr fort: »Viel besser.« Er hatte im Rahmen seiner Möglichkeiten nicht nur eine erstaunliche berufliche Entwicklung gemacht, er strahlte auch eine ansteckende Freude aus und war für viele Menschen in seiner Umgebung zu einer Ermutigung geworden. Er wollte und brauchte kein Mitleid. Sein strahlendes Lachen und sein dankbarer Hinweis, dass Jesus die Quelle seines Lebensmutes und seiner Kampfkraft sei, waren ein Lob Gottes. Es war offensichtlich, dass dieser Mann vielen Menschen, die es körperlich offensichtlich leichter hatten, Gutes tat.

Am gleichen Abend standen auf der Bühne neben mir zwei junge Frauen, die meine Rede und das ganze Programm einschließlich der Musik in die Gebärdensprache übersetzten. An jedem Abend waren gehörlose Menschen anwesend. Allein die Tatsache, dass sie ganz selbstverständlich in die Veranstaltung integriert wurden, war ein Signal der Menschenfreundlichkeit Gottes. Aber auch die, die meine Worte akustisch verstehen konnten, nahmen durch die Gebärden der Dolmetscherinnen plötzlich wahr, dass die Botschaft der Liebe Gottes den Körper betrifft. Sie wird nicht nur mit akustischen Lauten, sondern mit dem ganzen Körper vermittelt. Ohne dass ich es groß erklären musste, verstanden die Hörer, dass Jesus unser ganzes Leben mit Leib und Seele erfassen und verändern will. Was eigentlich als bedauernswerte Einschränkung gesehen werden könnte, wurde zu einer befreienden Erfahrung. Die Dolmetscherinnen taten nicht nur den Gehörlosen etwas Gutes, sie waren vor allen Augen das verkörperte Lob Gottes.

Die ProChrist-Woche, von der ich erzähle, fand im Mai 2012 im Hofbräukeller in München statt. Nun ist ein Lokal wie der Hofbräukeller in München nicht der typische Ort für die Verkündigung des Evangeliums. Mir aber schien er passender für diesen Zweck als viele Kirchen. Zwar veranstalteten die Woche mehrere christliche Gemeinden, aber an jedem Abend begrüßten die Wirtsleute des Hofbräukellers, das Ehepaar Günter und Margot Steinberg, die 400 bis 500 Gäste im großen Saal ihres Restaurants. Sie sind vor Jahren zum Glauben an Jesus Christus gekommen und erzählen verblüffend offen von den Krisen in ihrem Leben und in ihrer Ehe, und wie sie durch Jesus Christus einen Neuanfang machen konnten. Mit strahlender Herzlichkeit hießen sie die Gäste an jedem Abend willkommen und erklärten gleich zu Beginn, dass es ihnen sehr wichtig sei, dass alle Menschen die Botschaft von Jesus hörten. Sie freuten sich, dass sie ihr Haus dafür zur Verfügung stellen konnten. Und tatsächlich kamen zu den Abenden in den Hofbräukeller viele Gäste, die den Weg in eine Kirche vielleicht nicht so leicht gefunden hätten.

Günter Steinberg begrüßte die Menschen immer mit einem Bibelwort. Oft nahm er ein Wort aus dem gleichen Kapitel, in dem unser Vers steht: *Gastfrei zu sein vergesst nicht; denn dadurch haben einige ohne ihr Wissen Engel beherbergt* (Hebräer 13,2). Schmunzelnd fügte er hinzu: »Willkommen, ihr Engel!« Bei dem Ehepaar Steinberg habe ich beobachten können: Den Menschen Gutes tun und Gott loben, das ist das Programm des Christenlebens unterwegs zum Ziel.

Gott loben heißt eigentlich, öffentlich Gutes von Gott zu sagen. Nicht wenige, die sich selbst für Christen halten, waren überrascht, dass Steinbergs, die in München sehr bekannt sind, sich so unbekümmert, fröhlich und öffentlich zu ihrem Glauben an Jesus bekannten und andere herzlich einluden, Jesus zu folgen. An einem Morgen in jener Woche brachte die BILD-Zeitung in München einen Artikel mit der Überschrift »Steinbergs holen sich einen Pfarrer in ihr Wirtshaus«. Die Journalistin hatte an der Hausfassade des Hofbräukellers ein Banner mit ziemlich auffallender Graphik und dem Thema der ProChrist-Woche gesehen: »Glaube, Hoffnung, Liebe … Tod? Reden wir mal über das Leben!« Neugierig rief sie Steinbergs an und wollte erfahren, was da lief. Sie staunte nicht schlecht, dass die Wirtsleute ihren Saal nicht nur, wie sie es auch für andere Zwecke tun, vermietet hatten, sondern sich selbst für den Glauben an Jesus engagierten. Der BILD-Artikel wurde anknüpfend an die persönliche Geschichte der Steinbergs eine herzliche Einladung zu den ProChrist-Abenden. Das Lob Gottes kann sehr originelle Formen haben.

Was ist das Gute, das ich anderen tun kann und soll? Auf welche Weise werde ich Gott loben? Ich habe hier nur drei Beispiele erzählt, die mir begegneten, während dieses Buch entstanden ist. Jeder, der Jesus nachfolgt, kann sein besonderes Bild in den Rahmen einfügen, der aus den Elementen »Gott loben und den Menschen Gutes tun« besteht.

Es ist sehr wichtig, dass wir einander unsere Lebensgeschichten erzählen. Wir müssen uns nicht gegenseitig kopieren. Aber es ist für mich ermutigend, wenn ich sehe, dass jeder in seinem besonderen Leben diesen Rahmen ausfüllen kann: Gott loben und den Menschen Gutes tun. Die Bibel und das Leben anderer Menschen geben uns jede Menge Anschauungsmaterial und Anregungen für unseren eigenen Weg. Wenden wir uns nun wieder dem Hebräerbrief zu, um solche Anregungen zu bekommen.

Der Vorläufer Abraham – ein Modell

Der Hebräerbrief schildert uns Abraham als Vorläufermodell für jemanden, der keine bleibende Stadt hat, sondern die zukünftige sucht. Wir lesen:

Durch den Glauben ist er ein Fremdling gewesen in dem verheißenen Lande wie in einem fremden und wohnte in Zelten mit Isaak und Jakob, den Miterben derselben Verheißung. Denn er wartete auf die Stadt, die einen festen Grund hat, deren Baumeister und Schöpfer Gott ist.
(Hebräer 11,9-10)

Das Haus mit festem Fundament ist das dauerhafte Zuhause, die Heimat, das Vaterland. Die Erzväter waren mit ihren Familien als Nomaden in Zelten unterwegs. Sie haben die feste Stadt nie erlebt. Von ihnen heißt es weiter:

Diese alle sind gestorben im Glauben und haben das Verheißene nicht erlangt, sondern es nur von ferne gesehen und gegrüßt und haben bekannt, dass sie Gäste und Fremdlinge auf Erden sind. Wenn sie aber solches sagen, geben sie zu verstehen, dass sie ein Vaterland suchen. Und wenn sie das Land gemeint hätten, von dem sie ausgezogen waren, hätten sie ja Zeit gehabt, wieder umzukehren. Nun aber sehnen sie sich nach einem besseren Vaterland, nämlich dem himmlischen. Darum schämt sich Gott ihrer nicht, ihr Gott zu heißen; denn er hat ihnen eine Stadt gebaut. (Hebräer 11,13-16)

Der Hebräerbrief sieht, dass die Verheißung Gottes an Abraham, Isaak und Jakob schon weit über das verheißene Land Israel und die Gottesstadt Jerusalem hinausgeht. Die Geschichte Gottes mit seinem Volk zielt von Anfang an auf Gottes ewige Herrlichkeit.

Wenn die Israeliten zwischendurch auch in den festen Städten des verheißenen Landes lebten, erinnern die Erzväter doch daran, dass es hier keine Stadt von Dauer gibt. Nach dem Einzug ins verheißene Land war die Versuchung für Israel immer groß, sich nicht mehr auf Gott und seine Fürsorge zu verlassen, sondern selbstsicher auf die eigenen Produkte, Konstruktionen und Kräfte zu vertrauen. Das führte zu einer Lebensweise, in der die Dinge anstelle des Schöpfers der Dinge verehrt wurden. Das nennt die Bibel Götzendienst.

Genau dieser Versuchung sind auch die Nachfolger von Jesus Christus heute ausgesetzt. Je besser es uns geht, desto dauerhafter richten wir uns ein. Warum sollten wir weiterziehen, wenn es uns hier so gut gefällt? Also werden wir konservativ, das heißt, wir versuchen zu bewahren, was wir haben. Wir denken mit Schrecken daran, dass wir unsere lieb gewordene Heimatstadt verlassen müssen. Umzug unerwünscht!

Ich habe in meinem Leben viel mit jungen Leuten zu tun gehabt. Ich habe erlebt, wie Teenager sich zu Jesus bekehrt haben und ihm mit Begeisterung gefolgt sind. Dann kamen Studium oder Berufsausbildung, Partnerschaft, Ehe und Familie. Und irgendwie verdunstete der Glaube in der Beschäftigung mit den alltäglichen Dingen. Man nahm sich keine Zeit mehr zum täglichen Bibellesen und Beten. Man hatte einfach keine Lust und Energie mehr, sich wirklich für Jesus und andere Menschen einzusetzen. Hundert Kleinigkeiten wurden Anlass genug, um den Glauben langsam verdunsten zu lassen. Ich treffe dann Männer und Frauen in den Vierzigern und Fünfzigern, die ein bisschen nostalgisch von ihren jugendlichen Glaubenserfahrungen reden. »Ich war auch mal im …«. Fast unmerklich haben sie ihre Sicherheit bei ihrem Geld, in ihrer Familie, in ihrem Haus, in ihrer Karriere gesucht und scheinbar auch gefunden. Dadurch ist Jesus aus dem Blick geraten. Bestenfalls hat er noch dekorative Bedeutung und einen gewissen Erinnerungswert.

Es sind nicht selten gewisse praktische Entscheidungen, die das Leben in der Nachfolge von Jesus Christus ausbremsen. Man verliebt sich und heiratet einen Menschen, der mit dem Glauben an Jesus nicht viel anfangen kann. Das führt dazu, dass es keinen Raum für gemeinsames Beten in der Ehe und Familie gibt. Auch die Gottesdienste werden seltener besucht. Man muss eben Kompromisse machen. Da wird der Glaube an Jesus mit der Zeit theoretisch und dünn, weil er immer weniger mit dem Leben zu tun hat.

Auch im beruflichen Alltag stehen wir immer wieder vor kritischen Entscheidungen. Die Befolgung der Gebote Gottes scheint gelegentlich dem geschäftlichen Erfolg im Wege zu stehen. Manchmal geht es auch um Rücksichtnahme auf Anweisungen der Vorgesetzten. Man spürt, dass man sich um Gottes und vielleicht auch der Menschen willen widersetzen müsste. Aber das würde zu Konflikten und zu Nachteilen führen. Man kann die Folgen nicht abschätzen. Schnell tröstet man sich mit dem Gedanken, dass es eben nicht anders geht. Das sind die angeblichen Eigengesetzlichkeiten der Wirtschaft, des Berufslebens, dieser Firma oder dieser Branche. Also handelt man gegen Gottes Gebot und gegen die Stimme des eigenen Gewissens. Wenn das mehrmals geschieht, gewöhnt man sich daran. Die Stimme Gottes im Gewissen wird leiser und leiser. Man lebt angepasst und konfliktfrei.

Wir leben in einer freien Gesellschaft. Der Staat zwingt uns nicht, Dinge zu tun, die gegen Gottes Willen sind. Aber wir sind doch sehr empfänglich für den sanften Druck der Mehrheitsmeinung. Es tut einfach gut, von vielen bestätigt zu werden. Es ist angenehm, mit dem Strom zu schwimmen. In einer Demokratie entscheidet die Mehrheit darüber, was in Gesetzen allgemeine Verbindlichkeit bekommt. Und wenn die Mehrheit nicht nach Gottes Geboten fragt, werden die Gebote Gottes bei der Formulierung von staatlichen Gesetzen immer weniger eine Rolle spielen. Dadurch sind Christen natürlich nicht gezwungen, gegen Gottes Gebote zu handeln. Wir müssen nicht habgierig sein. Wir müssen nicht leben, ohne den Sonntag zu heiligen. Wir müssen nicht verleumden oder hassen. Wir müssen nicht abtreiben. Wir müssen die Ehe nicht brechen. Wir müssen nicht homosexuelle Partnerschaften eingehen. Aber wenn die Mehrheit meint, dass das normal sei, und wenn der Staat ein bestimmtes Verhalten legalisiert, fühlen sich auch viele Christen einem Druck oder Sog ausgesetzt, der Mehrheitsmoral zu folgen. Die Gebote Gottes passen einfach nicht mehr in die heutige Zeit, heißt es dann.

An dem Tag, als ich diese Zeilen schrieb, wurde in einigen Medien berichtet, dass auf einer kirchlichen Synode Pfarrer die Meinung vertraten, dass es von gestern sei, die Ehe als Leitbild in der Kirche und insbesondere für Pfarrhäuser anzusehen und in Kirchenordnungen festzuschreiben. Dabei ist ein Leitbild ja schon wesentlich unverbindlicher als ein Gebot Gottes. Bei solchen Trends erscheint es vielen als zu mühsam, sich aufzuraffen und gegen den Strom zu schwimmen. Die Sehnsucht nach Bestätigung durch die Mehrheit ist stark. Die Versuchung ist groß, sich hier und heute häuslich einzurichten. Abraham, Isaak und Jakob jedoch grüßen uns: »Bleibt unterwegs! Wir haben hier keine bleibende Stadt, sondern die zukünftige suchen wir.«

Städte boten Sicherheit

Wir können uns heute kaum noch vorstellen, warum Städte in der alten Welt der Inbegriff von Sicherheit waren. Heutzutage ist es ja so, dass man sich in den Großstädten nach Einbruch der Dunkelheit auf den Straßen nicht mehr sicher fühlt. Ganz anders in den beschaulichen Dörfern, wo die Leute bis vor Kurzem nicht einmal die Türen abgeschlossen haben. Heute stehen Großstädte also eher für Unsicherheit.

In alter Zeit boten die Städte jedoch durch ihre Stadtmauern Schutz. Die Tore wurden bei Einbruch der Dunkelheit geschlossen. Drinnen war man sicher. Das galt besonders in Kriegszeiten. In Psalm 107,1-9 werden die Menschen, die in einer Stadt Zuflucht und Sicherheit fanden, ausdrücklich zum Danken aufgefordert:

Danket dem HERRN; denn er ist freundlich, und seine Güte währet ewiglich. So sollen sagen, die erlöst sind durch den HERRN, die er aus der Not erlöst hat, die er aus den Ländern zusammengebracht hat von Osten und Westen, von Norden und Süden. Die irregingen in der Wüste, auf ungebahntem Wege, und fanden keine Stadt, in der sie wohnen konnten, die hungrig und durstig waren und deren Seele verschmachtete, die dann zum Herrn riefen in ihrer Not und er errettete sie aus ihren Ängsten und führte sie den richtigen Weg, dass sie kamen zur Stadt, in der sie wohnen konnten: Die sollen dem Herrn danken für seine Güte und für seine Wunder, die er an den Menschenkindern tut, dass er sättigt die durstige Seele und die Hungrigen füllt mit Gutem.

Die Dörfer draußen auf dem Land waren den feindlichen Armeen schutzlos preisgegeben. Hinter den Stadtmauern war man sicherer. Das galt jedenfalls zu Zeiten der Bibel.

Im Zweiten Weltkrieg wurde ich als kleines Kind mit meiner Mutter und einigen Verwandten aus der von Bombardierung bedrohten Stadt Essen im Ruhrgebiet evakuiert. Wir fanden zunächst bei lieben Leuten in einem ruhigen Schwarzwalddorf Zuflucht. Dort waren wir vor den Bombenteppichen der Luftangriffe sicher. Dann zogen wir in eine Stadt im Westerwald. Man dachte, dass diese ruhige Gegend auch von Bombenangriffen verschont bleiben würde. Das stimmte aber nicht. Die Flugzeuge kamen, die Bomben fielen auf einen Bahnhof und ein Gaswerk in der Nähe unserer Wohnung. Wir mussten aus dem erschütterten Haus in den nahe gelegenen Wald flüchten. Im totalen Bombenkrieg war man nirgendwo mehr sicher.

Vor der Erfindung von Artillerie und Luftwaffe boten die Städte in Gefahrenzeiten jedoch den besten Schutz. Völlige Sicherheit hat es allerdings nie und nirgendwo gegeben. Aber wenn eine gewisse Zeit lang Ruhe und Frieden herrschen, dann nährt man leicht die Illusion, man hätte alles im Griff und unter Kontrolle. Man richtet sich selbstgefällig ein.

Darum erinnert die Bibel an Abraham. Er lebte immer in vorläufigen Verhältnissen. Er war immer zum Aufbruch bereit. Er blieb sein Leben lang unterwegs. Er wartete auf die Stadt, die wirklich Schutz mit festen Häusern und Schutzmauern gegen alle zerstörerischen Gefahren bieten würde.

Von Anfang der Menschheitsgeschichte an haben die Menschen sich in dieser Hinsicht getäuscht. Nicht nur, dass sie von Stadtmauern Sicherheit erhofften;

die große Stadt war ihnen überhaupt das Symbol für eigene Bedeutung und Wichtigkeit. Das können wir in der Geschichte vom Turmbau zu Babel (1. Mose 11,1-9) lesen:

Es hatte aber alle Welt einerlei Zunge und Sprache. Als sie nun nach Osten zogen, fanden sie eine Ebene im Lande Schinar und wohnten daselbst. Und sie sprachen untereinander: Wohlauf, lasst uns Ziegel streichen und brennen! – und nahmen Ziegel als Stein und Erdharz als Mörtel und sprachen: Wohlauf, lasst uns eine Stadt und einen Turm bauen, dessen Spitze bis an den Himmel reiche, damit wir uns einen Namen machen; denn wir werden sonst zerstreut in alle Länder. Da fuhr der HERR hernieder, dass er sähe die Stadt und den Turm, die die Menschenkinder bauten. Und der HERR sprach: Siehe, es ist einerlei Volk und einerlei Sprache unter ihnen allen und dies ist der Anfang ihres Tuns; nun wird ihnen nichts mehr verwehrt werden können von allem, was sie sich vorgenommen haben zu tun. Wohlauf, lasst uns herniederfahren und dort ihre Sprache verwirren, dass keiner des anderen Sprache verstehe! So zerstreute sie der HERR von dort in alle Länder, dass sie aufhören mussten, die Stadt zu bauen. Daher heißt ihr Name Babel, weil der HERR daselbst verwirrt hat aller Länder Sprache und sie von dort zerstreut hat in alle Länder.

Die Menschen wollten ihren Zusammenhalt durch ihre Wichtigtuerei selbst garantieren. Dafür steht der große Turm. Der Bericht ist voller Ironie. Gott musste extra herunterfahren, um dieses doch so gewaltige Bauwerk überhaupt wahrnehmen zu können. Das Gericht Gottes über die Vermessenheit der Menschen war die Sprachverwirrung. Wo der Mensch sich selbst groß macht, zerstört er nicht nur die Gemeinschaft mit Gott, sondern auch die Gemeinschaft mit den anderen Menschen.

Seitdem steht Babel oder Babylon in der Bibel symbolisch für die Stadt der Gottesfeindschaft und für die Zerstörung der Menschengemeinschaft. Auch in der Offenbarung des Johannes geschieht der letzte Widerstand gegen Gottes neue Welt durch die Stadt Babylon, in der die Machthaber der Welt sich gegen Gottes Herrschaft zusammenrotten. In der schroffen Sprache der Bibel heißt es, dass die Könige auf der Erde Hurerei mit Babylon getrieben haben. Ihr Untergang geht dem Kommen des Königs Jesus und dem Weltgericht voraus (vgl. Offenbarung 17-19).

Die Megastädte haben also in der Geschichte immer schon eine verführerische Anziehungskraft auf Menschen ausgeübt. Doch sie haben uns letztlich mit ihrem Sicherheitsversprechen betrogen. Auch Stadtmauern bieten keine völlige Sicherheit, wie die Menschen irgendwann feststellen mussten.

In jüngster Zeit gab es bei uns eine ähnlich einschneidende Erfahrung. Im 20. Jahrhundert haben der Fortschritt von Wissenschaft und Technik die Illusion genährt, wir hätten alles im Griff und unter Kontrolle. Oder man glaubte wenigstens, wir würden demnächst alles im Griff haben. Der Terroranschlag auf die Türme des World Trade Centers in New York brachte eine tiefe Erschütterung unseres Sicherheitsgefühls. Das sagen jedenfalls die Ärzte, die das sprunghafte Ansteigen von Lebensängsten mit krankmachenden Folgen in der Zeit danach in Nordamerika und Europa beobachten. Es war nicht allein die schiere Anzahl der Toten, die erschütterte. Es war die Tatsache, dass man sich nicht einmal mehr darauf verlassen kann, dass ein Mörder sein Verbrechen selbst überleben will. Gegen Selbstmordattentäter, die sich mit ihren Opfern töten, gibt es keinen wirklichen Schutz. Da hilft keine Armee oder Polizei, auch kein Geheimdienst. Dadurch hat der moderne Terrorismus die Illusion von uns Menschen, die wir meinten, alles unter Kontrolle zu haben, zerstört.

Das Bedürfnis, sicher zu sein, ist nach dem Bedürfnis, zu atmen und zu essen und zu trinken, eines der Grundbedürfnisse, dessen Befriedigung lebensnotwendig ist. Wer uns Sicherheit verspricht, dem geben wir den größten Einfluss auf unser Leben. Wer aber den größten Einfluss auf unsere Lebensgestaltung hat, der verdient die Bezeichnung »Gott«. Dem gehorchen wir. Dem opfern wir unsere Zeit und was wir sonst noch Kostbares haben. Wenn zum Beispiel Geld uns als wichtigster Garant der Sicherheit gilt, wird unser Verhalten vor allem davon bestimmt, mehr Geld zu bekommen. Das Geld wird zum Gott.

Die Stadt war das Symbol der Sicherheit. Aber sie konnte die ersehnte Sicherheit nie bieten. Deshalb mahnt das Wort Gottes uns, nur von der zukünftigen Stadt zu erwarten, was allein Gott selbst geben kann.

Städte versprechen Reichtum

Es war nicht nur der Schutz vor feindlichen Heeren, es war auch die bessere Versorgung, die man schon in alter Zeit in den Städten zu finden hoffte. Die Bauern brachten ihre Früchte in die Städte, um sie auf den Märkten zu verkaufen. In den Dörfern konnte man sich auch versorgen, aber in den Städten gab es die vielfältigeren, reichen Angebote.

In unserer Zeit hat das dazu geführt, dass wir Städter oft gar nicht mehr wissen, welche Früchte wo und zu welcher Jahreszeit wachsen. In den Supermärkten wird eben alles zu jeder Zeit angeboten. Die Waren fliegen um die Welt. Wir kaufen sie relativ frisch und billig ein. Da hält mancher Zeitgenosse das Tischgebet für ein sinnloses Zeremoniell, wo doch alles im Supermarkt gekauft werden kann.

Mehr als die Hälfte der Weltbevölkerung lebt heute in Städten. Bis 2050 sollen es zwei Drittel sein. Den Städten gehört also die Zukunft. In Europa leben bereits vier von fünf Menschen in einer Stadt. Ich bin in der Industriestadt Essen im Ruhrgebiet aufgewachsen. Kohle und Stahlindustrie bestimmten diese Region über viele Jahrzehnte. Damit war Dreck verbunden. Ich erinnere mich noch sehr gut, dass man in den fünfziger Jahren des 20. Jahrhunderts im Ruhrgebiet ein weißes Hemd einen halben Tag lang mit wirklich weißem Kragen tragen konnte. Dann hatte der feine Ruß für eine traurige Einfärbung gesorgt. Man war nicht aus Vergnügen in die Stadt gezogen, sondern um Arbeit zu finden. Und man musste in der Nähe der Arbeitsstelle wohnen. Autos hatten nur die Reichen. Der öffentliche Nahverkehr entwickelte sich erst langsam.

Wer es sich leisten konnte, zog in die schöneren Stadtteile, die in einiger Entfernung zu Bergwerken, Kokereien, Stahlwerken, Fabriken und ihrem Dreck im Grünen lagen. Schließlich konnten sich immer mehr Menschen ein Auto leisten. Mit zunehmender Mobilität zog man in ländliche Randbezirke. Das hat sich inzwischen zum Teil wieder geändert. Schicke und teure Wohnungen gibt es auch wieder in Stadtzentren. In einigen Großstädten findet man in historischen Fabrikgebäuden die sogenannten Lofts, aufwändig gestaltete, in hohe Räume eingebaute Wohnungen. Natürlich für teures Geld.

In einer für grüne Städte werbenden Zeitungsbeilage las ich: »Die Leitbilder der Städte sind vielfältiger geworden: Angefangen bei der Stadt der kurzen Wege, der kompakten Stadt, der sozialen Stadt bis hin zur fahrradfreundlichen Stadt – um nur einige zu nennen. Angesichts veränderter Rahmenbedingungen und neuer Herausforderungen gewinnt inzwischen die Vision der nachhaltigen Stadt, die soziale, ökonomische und ökologische Anforderungen optimal miteinander verbindet, immer mehr an Bedeutung.«

Ganz anders als in Deutschland sieht es in Lateinamerika, Afrika und Asien aus. Die größten Städte der Welt liegen bis auf New York alle in Asien, Lateinamerika, Afrika: Tokyo (Japan) mit 36,7 Millionen Einwohnern, Delhi (Indien) mit 22,2 Millionen, Sao Paulo (Brasilien) mit 20,3 Millionen, Mumbai (Bombay, Indien) mit 20 Millionen, Mexiko-Stadt mit 19,5 Millionen, New York-Newark (USA) mit 19,4 Millionen, Peking (China) mit 17,6 Millionen, Shanghai (China) mit 16,6 Millionen, Kairo (Ägypten) mit 16,2 Millionen, Kalkutta (Indien) mit 15,6 Millionen, Dhaka (Bangladesch) mit 14,6 Millionen, Karachi (Pakistan) mit 13,1 Millionen, Bangkok (Thailand) mit 12,2 Millionen, Manila (Philippinen) mit 11,6 Millionen, Lagos (Nigeria) mit 10,4 Millionen, Jakarta (Indonesien) mit 9,6 Millionen. Alle mit wachsender Tendenz.

Die Menschen strömen in die riesigen Städte, weil sie hoffen, dort Arbeit und ein Auskommen zu finden. Jedenfalls sehen viele auf dem Land keine Zukunft mehr. Um die Zentren mit den Glaspalästen großer Unternehmen und die Viertel der Reichen mit Villen, die wie Festungen ummauert und gesichert sind, drängen sich Vorstädte der Armen, die wir unter den Namen Slums, Banlieues, Villas Miserias, Pueblos Jovenes, Shantytowns kennen. Sie sind die schmutzige Seite der Städte. Hier leben die Menschen unter erbärmlichen Verhältnissen ohne sauberes Wasser, ohne funktionierende Kanalisation in Hütten, die eher Verschlägen als Häusern gleichen, mit Krankheiten und Kriminalität.

Gerade die Riesenstädte sind gekennzeichnet von schroffen Gegensätzen zwischen Reichen und Armen, von Luxus und Schmutz, tosendem Lärm und Sehnsucht nach Glück. Vor allem aber zerstören sie mehr und mehr die sozialen Netze der Großfamilien, die in den meisten Teilen der Welt die Menschen in schwierigen Lebenslagen auffangen und durchbringen. Allerdings empfanden die Menschen die engen sozialen Bindungen in den Dörfern nicht nur als Schutz, sondern mehr und mehr auch als Einengung ihrer individuellen Freiheit und ihrer persönlichen Entfaltungsmöglichkeiten. In den Wohlstandsgesellschaften wurden daraufhin Versicherungssysteme organisiert, um das Netz der Großfamilie zu ersetzen. Krankenversicherung, Rentenversicherung, Arbeitslosenversicherung, Pflegeversicherung u.a. Leider müssen wir heute erkennen, dass die Bezahlbarkeit dieser Sozialversicherungssysteme an ihre Grenzen kommt. Ihre Zukunftsfähigkeit ist in Ländern, in denen immer mehr alte Menschen auf immer weniger junge kommen, fraglich geworden.

Trotz aller Schattenseiten, die Millionenstädte auch in Deutschland haben, sind sie doch besonders für viele jüngere Leute bei uns von großer Attraktivität. Sie versprechen Freiheit von einengenden Bindungen und sozialen Verpflichtungen. Man kann in Berlin, München oder Hamburg eintauchen oder abtauchen. Karrieremöglichkeiten und Erfolgschancen, Bildung und Kultur, Horizonterweiterungen und Möglichkeiten zum sozialen Engagement, Spaß und Unterhaltung bis zum Abwinken, Abwechslung und Unverbindlichkeit, natürlich auch Anonymität und Einsamkeit, mal erwünscht, mal quälend. Mancher streift in den großen Städten auch seine kirchliche und gemeindliche Bindung ab und löst sich von seinem bisherigen Glauben. Andererseits finden suchende Menschen in den großen Städten häufig faszinierende Angebote von christlichen Initiativen und Gemeinden, die ihnen neue Horizonte eröffnen und zu befreienden Erfahrungen im Glauben an Jesus Christus führen.

Die Erfahrungen in den Städten und mit den Städten sind so verschieden und gegensätzlich wie die Menschen und ihre Lebensweisen. Ob nun eher verlockende oder abschreckende Vorstellungen mit der Stadt verbunden sind, die Bibel zeigt uns die Zukunft der Welt als Stadt Gottes. Schauen wir uns in den nächsten Kapiteln an, was das konkret bedeutet.

Die Stadt der Zukunft

Angesichts der Probleme, die wir mit den großen Städten heute haben, erträumen wir uns das Paradies eher als ländliche Idylle mit gesunder Luft, frischem Wasser und entspannter Atmosphäre. Aber in der Bibel wird die neue Welt, die Gott schaffen wird, als die neue Stadt Jerusalem beschrieben.

Lesen wir die gesamte prophetische Ankündigung der neuen Stadt Jerusalem in der Offenbarung des Johannes, Kapitel 21,1–22,5 im Zusammenhang. Wir werden dann die einzelnen Elemente in den Blick nehmen.

Und ich sah einen neuen Himmel und eine neue Erde; denn der erste Himmel und die erste Erde sind vergangen, und das Meer ist nicht mehr. Und ich sah die heilige Stadt, das neue Jerusalem, von Gott aus dem Himmel herabkommen, bereitet wie eine geschmückte Braut für ihren Mann. Und ich hörte eine große Stimme von dem Thron her, die sprach: Siehe da, die Hütte Gottes bei den Menschen! Und er wird bei ihnen wohnen, und sie werden sein Volk sein und er selbst, Gott mit ihnen, wird ihr Gott sein; und Gott wird abwischen alle Tränen von ihren Augen, und der Tod wird nicht mehr sein, noch Leid noch Geschrei noch Schmerz wird mehr sein; denn das Erste ist vergangen.

Und der auf dem Thron saß, sprach: Siehe, ich mache alles neu! Und er spricht: Schreibe, denn diese Worte sind wahrhaftig und gewiss! Und er sprach zu mir: Es ist geschehen. Ich bin das A und das O, der Anfang und das Ende. Ich will dem Durstigen geben von der Quelle des lebendigen Wassers umsonst. Wer überwindet, der wird es alles ererben, und ich werde sein Gott sein und er wird mein Sohn sein. Die Feigen aber und Ungläubigen und Frevler und Mörder und Unzüchtigen und Zauberer und Götzendiener und alle Lügner, deren Teil wird in dem Pfuhl sein, der mit Feuer und Schwefel brennt; das ist der zweite Tod.

Und es kam zu mir einer von den sieben Engeln, die die sieben Schalen mit den letzten sieben Plagen hatten, und redete mit mir und sprach: Komm, ich will dir die Frau zeigen, die Braut des Lammes. Und er führte mich hin im Geist auf einen großen und hohen Berg und zeigte mir die heilige Stadt Jerusalem herniederkommen aus dem Himmel von Gott, die hatte die Herrlichkeit Gottes; ihr Licht war gleich dem alleredelsten Stein, einem Jaspis, klar wie Kristall; sie hatte eine große und hohe Mauer und hatte zwölf Tore und auf den Toren zwölf Engel und Namen darauf geschrieben, nämlich die Namen der zwölf Stämme der Israeliten: von Osten drei Tore, von Norden drei Tore, von Süden drei Tore, von Westen drei Tore. Und die Mauer der Stadt hatte zwölf Grundsteine und auf ihnen die zwölf Namen der zwölf Apostel des Lammes. Und der mit mir redete, hatte einen Messstab, ein goldenes Rohr, um die Stadt zu messen und ihre Tore und ihre Mauer. Und die Stadt ist viereckig angelegt und ihre Länge ist so groß wie die Breite. Und er maß die Stadt mit dem Rohr: zwölftausend Stadien. Die Länge und die Breite und die Höhe der Stadt sind gleich. Und er maß ihre Mauer: hundertvierundvierzig Ellen nach Menschenmaß, das der Engel gebrauchte. Und ihr Mauerwerk war aus Jaspis und die Stadt aus reinem Gold, gleich reinem Glas. Und die Grundsteine der Mauer um die Stadt waren geschmückt mit allerlei Edelsteinen. Der erste Grundstein war ein Jaspis, der zweite ein Saphir, der dritte ein Chalzedon, der vierte ein Smaragd, der fünfte ein Sardonyx, der sechs-

te ein Sarder, der siebente ein Chrysolith, der achte ein Beryll, der neunte ein Topas, der zehnte ein Chrysopras, der elfte ein Hyazinth, der zwölfte ein Amethyst. Und die zwölf Tore waren zwölf Perlen, ein jedes Tor war aus einer einzigen Perle, und der Marktplatz der Stadt war aus reinem Gold wie durchscheinendes Glas.

Und ich sah keinen Tempel darin; denn der Herr, der allmächtige Gott, ist ihr Tempel, er und das Lamm. Und die Stadt bedarf keiner Sonne noch des Mondes, dass sie ihr scheinen; denn die Herrlichkeit Gottes erleuchtet sie, und ihre Leuchte ist das Lamm. Und die Völker werden wandeln in ihrem Licht; und die Könige auf Erden werden ihre Herrlichkeit in sie bringen. Und ihre Tore werden nicht verschlossen am Tage; denn da wird keine Nacht sein. Und man wird die Pracht und den Reichtum der Völker in sie bringen. Und nichts Unreines wird hineinkommen und keiner, der Gräuel tut und Lüge, sondern allein, die geschrieben stehen in dem Lebensbuch des Lammes.

Und er zeigte mir einen Strom lebendigen Wassers, klar wie Kristall, der ausgeht von dem Thron Gottes und des Lammes; mitten auf dem Platz und auf beiden Seiten des Stromes Bäume des Lebens, die tragen zwölfmal Früchte, jeden Monat bringen sie ihre Frucht, und die Blätter der Bäume dienen zur Heilung der Völker. Und es wird nichts Verfluchtes mehr sein. Und der Thron Gottes und des Lammes wird in der Stadt sein, und seine Knechte werden ihm dienen und sein Angesicht sehen, und sein Name wird an ihren Stirnen sein. Und es wird keine Nacht mehr sein, und sie bedürfen keiner Leuchte und nicht des Lichts der Sonne; denn Gott der Herr wird sie erleuchten, und sie werden regieren von Ewigkeit zu Ewigkeit.

Was sind die wesentlichen Aussagen dieser Vision?

Gott schafft die neue Stadt

Die erste und wichtigste Erkenntnis ist, dass Gott das neue Jerusalem schafft. Es wird nicht von Menschen errichtet, ja, sie helfen nicht einmal dabei mit. Die neue Stadt kommt direkt aus Gottes Welt. Sie wird nicht von unten nach oben gebaut wie alle menschlichen Städte, sie kommt von oben herab. Sie wird deshalb heilig genannt, weil sie ganz und gar von Gott geschaffen und bestimmt ist.

Das ist ein wohltuender Kontrast zu allen bedrückenden menschlichen Versuchen, neue Superhauptstädte zu schaffen. Ein besonders bizarres Beispiel für die Anmaßung menschlicher Machthaber ist Astana, die künstliche Hauptstadt von Kasachstan. Sie wurde auf Befehl des Diktators Nursultan Nasarbajew, früher Chef der kommunistischen Partei Kasachstans, von einem japanischen Architekten geplant. Ihre Monumentalbauten wurden von international bekannten Architekten wie Norman Forster, Frank Gehry u.a. entworfen und gebaut. Die Stadt protzt mit dem Präsidentenpalast aus Marmor und einem Ministeriumsbau von anderthalb Kilometern Länge. Vor 25 Jahren war es noch die unbedeutende sowjetische Stadt Zelinograd, 1992 wurde sie in Akmola umbenannt, 1998 in Astana. Besucher erleben trotz der inzwischen 700 000 Einwohner eine gespenstische Leere in dem monströsen Gebilde, nicht zuletzt wegen ihrer völlig isolierten Lage in der kasachischen Steppe.

Nein, das neue Jerusalem wird nicht nach den Fantasien eines selbstherrlichen Diktators gebaut. Es entsteht auch nicht aus den Sehnsüchten verelendeter Massen, die sich hier ein besseres Leben erträumen.

Diese Stadt ist nicht die Zusammenballung wirtschaftlicher Giganten, die aus ihren Glaspalästen die Welt regieren und ausbeuten. Sie ist auch nicht das Produkt religiöser Träume oder ideologischer Utopien. Damit sind auch alle Reich-Gottes-Ideen, nach denen Menschen die neue Welt herbeiführen wollen, hinfällig. Nicht wir Menschen, sondern Gott selbst und Gott allein schafft das neue Jerusalem.

Den Jesus-Nachfolgern kommt die viel bescheidenere, aber doch lebenswichtige Aufgabe zu, in der Welt, in der wir heute leben, durch Worte und Taten Signale auszusenden, die auf Gottes neue Stadt hinweisen. Solche Signale sind Ausdruck der Hoffnung, und sie entzünden Hoffnung. Sie weisen auf den Schöpfer und Erhalter des Lebens, den Sieger über den Tod, und den Richter, Retter und Vollender der Welt hin.

Der amerikanische Theologie-Professor Ron Sider berichtete über die erstaunliche Sanierung eines völlig heruntergekommenen Stadtteils in Chicago durch eine christliche Gemeinde, die solch ein Signal der Hoffnung aussendete. Das früher bürgerliche Viertel war für Drogen, verkommene Wohnungen und Kriminalität berüchtigt. Die Gemeinde ließ sich dort nieder und kümmerte sich um die Not der Menschen; Sozialarbeiter, Mediziner, Juristen und andere Fachleute boten wirkungsvolle Hilfe kostenlos an. Wohnungen wurden renoviert. Die Gemeinde feierte ihre Gottesdienste und lud die Menschen zu Jesus Christus ein. Die Christen erklärten ganz offen, dass eine wirkliche Erneuerung des Lebens nur durch Jesus, die Vergebung der Sünden und die Kraft des Heiligen Geistes möglich sei.

Im Laufe von Monaten und Jahren veränderte sich der ganze Stadtteil. Wohnungen wurden saniert. Man konnte wieder ohne Angst auf die Straßen gehen. Menschen wurden von Drogen frei und bekehrten sich zu Jesus Christus. Die Gemeinde wuchs und war ein Segen für den Stadtteil. Regierungsbehörden in Washington hörten von den Erfolgen. Sie schickten Experten, um die Ursachen zu untersuchen. Die Beamten lobten die fachliche Arbeit der Sozialarbeiter, Mediziner, juristischen Berater, Architekten. Dann erklärten sie, dass der Staat natürlich keine religiösen Angebote machen könne. Die Gemeindevertreter entgegneten: »Wenn man nur die Hälfte des Problems anpackt, kann man keine ganze Lösung erwarten.«

Die Arbeit dieser Christengemeinde war ein Hoffnungssignal. Sie veranschaulicht, dass die Erneuerung einzelner Menschen und auch eines ganzen Stadtteils nur möglich ist, wenn Menschen sich zu Jesus bekehren und aus der Kraft des Geistes Gottes ein neues Leben beginnen. Das macht soziale, medizinische, finanzielle und juristische Hilfen nicht überflüssig, sondern stützt deren Wirksamkeit.

Gott selbst ist das Stadtzentrum

Die Gemeinschaft mit Gott bedeutet für die Bewohner dieser Stadt die höchste Lebensqualität.

Die erste Handlung Gottes beim Umzug der Menschen in die neue Stadt wird sein, dass er ihnen die Tränen abwischt. In dieser Stadt gibt es keinen Grund zum Weinen mehr. Leid, Schmerzen und Tod werden keinen Platz haben. Die Bewohner der neuen Stadt kommen also mit Tränen in den Augen an. Sie haben Leid und Schmerz hinter sich. Nun erfahren sie einen ewigen Trost.

Und sie sind durstig von der Wanderung durch Lebenswüsten. Darum gibt Gott ihnen zu trinken. *Ich will dem Durstigen geben von der Quelle des lebendigen Wassers umsonst* (Offenbarung 21,6). Was Jesus im Tempel von Jerusalem ausgerufen und angeboten hat, wird jetzt vollkommen erfüllt: *Wen da dürstet, der komme zu mir und trinke!* (Johannes 7,37).

Vom Thron Gottes geht ein Strom lebendigen, das heißt quellfrischen Wassers aus. Und der fließt mitten durch die Stadt. Welch ein Kontrast zu den Kloaken-Flüssen, die in den Großstädten dieser Welt vor sich hin dümpeln. Dieses gesunde Wasser lässt an den Ufern des Flusses Bäume des Lebens wachsen, die zwölfmal im Jahr Früchte tragen und deren Blätter zur Heilung der Völker dienen (vgl. Offenbarung 22,1-2).

Gott wohnt mit seinen Menschen in dieser Stadt. Wörtlich ist hier vom Zelt Gottes die Rede (vgl. Offenbarung 21,3). Das erscheint für eine Stadt merkwürdig, soll aber an die Stiftshütte erinnern, das Zeltheiligtum, in dem Gott zuerst auf der Wüstenwanderung seine Gegenwart für sein Volk Israel konkret erkennbar gemacht hat. Jetzt aber gibt Gott nicht nur ein Zeichen seiner Gegenwart, er ist selbst unmittelbar bei seinem Volk. Er besucht es nicht nur, er wohnt bei seinem Volk. Er bleibt in Ewigkeit mit ihm zusammen. Hier ist keine Vermittlung mehr nötig. ... *und er selbst, Gott mit ihnen, wird ihr Gott sein.*

Die unerhörteste Aussage lesen wir in Offenbarung 21,22-23:

Und ich sah keinen Tempel darin; denn der Herr, der allmächtige Gott, ist ihr Tempel, er und das Lamm. Und die Stadt bedarf keiner Sonne noch des Mondes, dass sie ihr scheinen; denn die Herrlichkeit Gottes erleuchtet sie, und ihre Leuchte ist das Lamm.

Jerusalem war nicht nur die Stadt des Königs David, sondern vor allem die Stadt, in der Gott dem Volk Israel seine Gegenwart im Tempel versprochen hatte (vgl. 1. Könige 8). Nun aber sagt Johannes: *Und ich sah keinen Tempel darin.* Das ist für jüdische Ohren ein Schock.[1] Israel erwartete doch nach der Prophetie des Hesekiel die Wiederherstellung des Tempels in Herrlichkeit. Doch im neuen Jerusalem wird es keinen Tempel mehr geben, weil Gott selbst in seiner Herrlichkeit unmittelbar gegenwärtig sein wird. Damit ist die Tempelverheißung auf die stärkste Weise erfüllt, die möglich ist. Der Tempel verhüllte die Gegenwart Gottes im Allerheiligsten. Nun aber ist die Herrlichkeit Gottes unverhüllt gegenwärtig. Das ist eine Erfüllung der Verheißung, die alle Vorstellungen sprengt.

---

[1] Vgl. Adolf Pohl, *Die Offenbarung des Johannes, Zweiter Teil*, Wuppertaler Studienbibel, SCM R.Brockhaus, Witten 1971, S. 325.

Alle Lebensenergie, die in unserer Welt durch Sonne und Gestirne entsteht, wird im neuen Jerusalem unmittelbar aus Gottes Gegenwart kommen. Die Bibel redet von Gottes Herrlichkeit, wenn er sich unserer Welt offenbart. In der hebräischen Sprache heißt Herrlichkeit Gottes »kabod Jahwe«. Das bedeutet zugleich Schwere Gottes und Lichtglanz Gottes. Denn wenn Gott seine Herrlichkeit zu erkennen gibt, erschrecken die Menschen. So die Priester bei der Einweihung des salomonischen Tempels (vgl. 1. Könige 8,10-11) und Jesaja im Tempel (vgl. Jesaja 6,1-5), aber auch die Hirten in der Weihnachtsnacht (vgl. Lukas 2,9). In der neuen Stadt Jerusalem werden die Menschen Gott direkt von Angesicht zu Angesicht sehen und keine Furcht mehr haben. Sie werden an Gottes Herrschaft unmittelbar teilhaben (vgl. Offenbarung 22,3-5).

Das entscheidende Ereignis, das von der verhüllten Gegenwart Gottes im Tempel von Jerusalem zu der unmittelbaren Gegenwart Gottes im himmlischen Jerusalem führt, ist der Karfreitag. In der Todesstunde Jesu zerriss der Vorhang, der im Tempel den Bereich des Heiligen vom Allerheiligsten trennte. Im Heiligen stand der Altar, an dem die Priester ihren täglichen Dienst taten. Im Allerheiligsten stand ursprünglich die Bundeslade mit den Gesetzestafeln als Zeichen der Gegenwart Gottes. *Gott war in Christus und versöhnte die Welt mit sich selbst und rechnete ihnen ihre Sünden nicht zu ... Er hat den, der von keiner Sünde wusste, für uns zur Sünde gemacht, damit wir durch ihn Gerechtigkeit Gottes würden* (2. Korinther 5,17.21; eigene Übersetzung). Das Unerhörte ist geschehen. Durch Jesus ist der direkte Zugang zu Gott, dem Vater, eröffnet. Auch der Hebräerbrief richtet den Blick seiner Leser auf dieses Wunder und stärkt so ihren Glauben:

Weil wir denn nun, liebe Brüder, durch das Blut Jesu die Freiheit haben zum Eingang in das Heiligtum, den er uns aufgetan hat als neuen und lebendigen Weg durch den Vorhang, das ist: durch das Opfer seines Leibes, und haben einen Hohenpriester über das Haus Gottes, so lasst uns hinzutreten mit wahrhaftigem Herzen in vollkommenem Glauben, besprengt in unsern Herzen und los von dem bösen Gewissen und gewaschen am Leib mit reinem Wasser. Lasst uns festhalten an dem Bekenntnis der Hoffnung und nicht wanken; denn er ist treu, der sie verheißen hat; und lasst uns aufeinander Acht haben und uns anreizen zur Liebe und zu guten Werken und nicht verlassen unsre Versammlungen, wie einige zu tun pflegen, sondern einander ermahnen, und das umso mehr, als ihr seht, dass sich der Tag naht. (Hebräer 10,19-25)

Die heilige Hauptstadt der Welt

Zu Ostern 2012 stand auf der Titelseite der Wochenzeitung »Welt am Sonntag« die Schlagzeile »Die heilige Hauptstadt der Welt«[2]. Dann folgte ein Artikel über die Stadt Jerusalem in Geschichte und Gegenwart. Auf zwei ganzen Seiten wurde das eigentliche Geheimnis dieser Stadt beschrieben, das darin besteht, dass Gott mit Jesus in dieser Stadt Weltgeschichte geschrieben hat, vor allem auf dem Hügel Golgatha unmittelbar vor den damaligen Mauern der Stadt. Selten genug, dass eine Zeitung so darüber schreibt. Aber in der Geschichte ist dieses Geheimnis noch unter Widersprüchen verborgen. Die Stadt des Friedens Gottes ist zu oft Stätte von Konflikten und Gewalt. In Gottes neuer Welt aber wird sie als die heilige Hauptstadt allen offenbar.

Die Bibel zeigt uns, dass die ewige Herrlichkeit nicht eine individuelle Angelegenheit der einzelnen Seele mit Gott ist. Die heilige Stadt Jerusalem beheimatet eine Gesellschaft, die in der Gegenwart Gottes lebt. Die Alten dachten bei einer Stadt an ein wohlgeordnetes Gemeinwesen, in dem die Bürger Schutz finden konnten und in der das Leben der Einzelnen wie der Gemeinschaft blühte. Die Stadt sollte Geborgenheit und Frieden bieten. In ihr konnten die Menschen Reichtum und Glück genießen.

Luther übersetzt Offenbarung 21,3: *Und er wird bei ihnen wohnen, und sie werden sein Volk sein, und er selbst, Gott mit ihnen, wird ihr Gott sein.* Im griechischen Text steht allerdings nicht die Einzahl »sein Volk«, sondern

---

2 Welt am Sonntag vom 8. April 2012.

die Mehrzahl »seine Völker«. Das neue Jerusalem ist nicht nur die Hauptstadt des Volkes Israel, sondern des Volkes Gottes aus allen Völkern. Hier ist verwirklicht, was Jesus als Auftrag gab: *Gehet hin in alle Welt und machet zu Jüngern alle Völker...* (Matthäus 28,29). Hier ist erfüllt, was Gott dem Abraham verheißen hat: *... in dir sollen gesegnet werden alle Geschlechter auf Erden* (1. Mose 12,3).

In Offenbarung 22,24.26 heißt es ausdrücklich:

Und die Völker werden wandeln in ihrem Licht; und die Könige auf Erden werden ihre Herrlichkeit in sie bringen. ... Und man wird die Pracht und den Reichtum der Völker in sie bringen.

Gott hat seinem Volk die Treue gehalten. Durch Israel und seinen Messias Jesus hat er es aus allen Völkern gerettet und gesammelt. Alles, was königliche Pracht und Schönheit auf der Erde war, wird in vollendeter Schönheit und Reinheit in Gottes Hauptstadt der Völker zu sehen sein.

Wir kennen in dieser Welt Herrschaft hauptsächlich mit ihrer dunklen Seite von Unterdrückung, Gewalt und Ungerechtigkeit. Von der zukünftigen Stadt Gottes lesen wir:

Und nichts Unreines wird hineinkommen und keiner, der Gräuel tut und Lüge, sondern allein, die geschrieben stehen in dem Lebensbuch des Lammes.

(Offenbarung 21,27)

Die Bilder, die Johannes sieht, beschreiben ferner die Reinheit und Vollkommenheit von Neu-Jerusalem. Die hohe Mauer ist der Inbegriff von Schutz, Sicherheit und Stärke. Die Maßzahl von 144 Ellen Höhe (70 Meter) enthält wie viele Zahlen in diesem Kapitel die Zwölf als die Zahl des Bundesvolkes Gottes. Der Baustoff der Mauer ist der Jaspis. Die Grundsteine bestehen jeweils aus riesigen Edelsteinen, die einzeln genannt werden. Die Mauer hat zwölf Tore aus Perlen. Diese Tore sind Tag und Nacht geöffnet. Es besteht kein Grund mehr zur Angst vor Feinden. Die Mauer hat ja auch nicht mehr die Bedeutung, dass sie feindliche Heere abwehren muss. Sie zeigt vielmehr an, dass die neue Stadt Gottes aus abgrenzender Heiligkeit besteht. Gott gibt dem Johannes nicht die banale Botschaft, dass zum Schluss alles irgendwie gut wird. Es wird zum Schluss alles sehr gut, weil Gott treu ist, seine Verheißungen in überwältigender Weise erfüllt und in seiner Heiligkeit im Weltgericht den Hunger nach Gerechtigkeit stillt.

Die Stadt ist der Beweis, dass Gott die Geschichte seines Bundesvolkes Israel zum Ziel führt. Darum tragen die zwölf Tore die Namen der zwölf Stämme Israels. Die Erwählung und Rettungsgeschichte Israels schließt aber von Abraham an die Völker mit ein. Auch das kommt in Neu-Jerusalem zum Ziel, indem die zwölf Grundsteine der Mauer die Namen der Apostel der Gemeinde tragen. Die Heidenvölker sind in die Wurzel und den Stamm des Bundesvolkes Israel eingepfropft (vgl. Römer 9–11) und gehören deshalb auch dazu. Das neue Jerusalem zeigt die Einheit der Heilsgeschichte Gottes.

Die genannten Maße sprengen alle Vorstellungen. Ist die Mauer mit ihren 70 Metern Höhe noch vorstellbar, so sprengt die Stadt selbst alles, was man je gesehen hat. Sie ist ein riesiger Würfel, dessen Länge, Breite und Höhe jeweils 2200 Kilometer betragen.

Das sind nämlich umgerechnet die 1200 Stadien, von denen hier die Rede ist. Der riesige Würfel steht für den vollkommenen Raum. Auch in den 1 200 Stadien steckt die Zahl Zwölf, die Stadt ist das Zuhause des Volkes Gottes.

In der riesigen Stadt wohnt die Herrlichkeit Gottes (vgl. Offenbarung 21,11), ihr Licht gleicht dem Edelstein Jaspis, der wie ein Kristall die Herrlichkeit Gottes durchleuchten lässt. »Die Sehnsucht des Volkes Gottes nach Verhältnissen, die Gott nicht mehr verdunkeln, ist erfüllt.«[3]

Das wird schließlich auch in der Straße aus leuchtendem Gold ausgedrückt, die den totalen Kontrast zu den dreckigen Straßen aller Städte bildet.[4]

---

3 Adolf Pohl, a.a.O., S. 323.
4 Um die Bilder besser zu verstehen, empfiehlt es sich, die Prophetie des Propheten Hesekiel, Kapitel 40–48, zu lesen. Dabei müssen wir beachten, dass Gott in der Erfüllung die Verheißungen immer übersteigt. Wir finden dort andere Maße als in Offenbarung 21. In Hesekiel 44,1-3 ist das Osttor Jerusalems verschlossen, während in Neu-Jerusalem alle Tore Tag und Nacht geöffnet sind. Und der wichtigste Unterschied liegt darin, dass die Gegenwart Gottes so unmittelbar da sein wird, dass kein Tempelgebäude mehr nötig ist.

Es gibt ein Draußen

Es werden nicht alle Menschen in der neuen Stadt Gottes wohnen. In schmerzlicher Klarheit – so wie Jesus es nach den Evangelien immer wieder verkündet hat – wird am Ende der Geschichte im Gericht Gottes eine Scheidung der Menschen vollzogen.

Die Feigen aber und Ungläubigen und Frevler und Mörder und Unzüchtigen und Zauberer und Götzendiener und alle Lügner, deren Teil wird in dem Pfuhl sein, der mit Feuer und Schwefel brennt; das ist der zweite Tod.
(Offenbarung 21,8)

Im himmlischen Jerusalem lebt man in Gottes Gegenwart. Wer die Rettung durch Jesus nicht nötig zu haben meint, hat keinen Platz in dieser Stadt. Der »zweite Tod« bedeutet das endgültige Getrenntsein von Gott. Ohne dass die Bilder ausgemalt werden, wird dieses Getrenntsein von Gott als der Pfuhl, der mit Feuer und Schwefel brennt, der Feuersee bezeichnet.

Der Himmel ist nicht eine Vertröstung aller Menschen auf einen Zustand, in dem es schließlich für alle gut wird. Alles gut macht Gott in Jesus, dem Gekreuzigten und Auferstandenen. Er wird in den Visionen der Offenbarung des Johannes immer wieder als das Lamm auf dem Thron beschrieben. In ihm ist die Versöhnung der ganzen Welt geschaffen worden. Aber weil Liebe nicht vergewaltigt und zwingt, können Menschen das Unerhörte und Schreckliche tun; sie können die rettende Liebe Gottes zurückweisen. Sie können sich feige dem Trend der Massen anpassen. Sie können Gott das Vertrauen verweigern. Sie können in der Lüge bleiben und die Dinge anstatt den

Schöpfer der Dinge anbeten. Sie können die Gebote Gottes besserwisserisch mit Füßen treten, Leben zerstören, Ehen brechen und in Wahrsagerei und Esoterik ihre Lebensangst bekämpfen. Sie werden nicht ihr ewiges Zuhause in Gottes neuem Jerusalem finden. Im Weltgericht Gottes heißt es am Ende:

> *Und wenn jemand nicht gefunden wurde geschrieben in dem Buch des Lebens, der wird geworfen in den feurigen Pfuhl.* (Offenbarung 20,15)

Gott will, dass alle Menschen gerettet werden und zur Erkenntnis der Wahrheit kommen. Und die rettende Wahrheit ist Jesus, der eine und einzige Mittler zwischen Gott und den Menschen (vgl. 1. Timotheus 2,4-6). Mit Ernst und liebevoller Dringlichkeit hat Jesus in der Bergpredigt um die Menschen gerungen:

> *Geht hinein durch die enge Pforte. Denn die Pforte ist weit und der Weg ist breit, der zur Verdammnis führt, und viele sind's, die auf ihm hineingehen. Wie eng ist die Pforte und wie schmal der Weg, der zum Leben führt, und wenige sind's, die ihn finden.* (Matthäus 7,13-14)

Gott hat alles getan, um alle zu retten. Jesus hat klar gesagt, dass es um ewiges Leben und ewige Verdammnis geht. Wir sollten nicht spekulieren, ob Gott in Ewigkeit glückselig sein kann, wenn ein Teil seiner Geschöpfe verdammt wird. Wir können und sollen uns an dem Wort orientieren, das Gott uns gesagt hat und das für jeden Rettung bringt, der es sich sagen lässt.

Eine gesungene Predigt

»Am 13. September 1626 hielt der spätere Professor der Theologie Dr. Johann Matthäus Meyfart (1590–1642) als Rektor des Gymnasiums in Coburg eine seiner bedeutendsten Predigten über Matthäus 17, Vers 1-9. Er sprach von der Freude und Herrlichkeit, die allen Auserwählten im ewigen Leben bereitet ist ... Die himmlische Herrlichkeit und Freude besteht darin, dass die Auserwählten Gott in ewiger Ruhe sehen und lieben werden. Drei Dinge werden aufeinanderfolgen: Sehen, Lieben, Loben. – Nach diesen Ausführungen stimmte Meyfart einen herrlichen Lobgesang der Himmelssehnsucht und Himmelsfreude an: ‚Jerusalem, du hochgebaute Stadt, wollt Gott, ich wär in dir!' Zwischen den einzelnen Versen sagte er noch einige erklärende Worte. Nach dem letzten Vers ... forderte er die Zuhörer auf, Jesus so zu lieben, dass ihre Sehnsucht nach dem himmlischen Jerusalem immer mehr und mehr wachse. Mit einem kurzen Gebet schloss er seine gesungene Predigt.«[5]

Johann Matthäus Meyfart wurde 1590 in Jena geboren, war Lehrer und Rektor des Gymnasiums in Coburg, Professor der Theologie und Pfarrer in Erfurt. Dort starb er 1642. Das Lied steht im Evangelischen Kirchengesangbuch (Nr. 150) und wird nach einer strahlenden, triumphierenden Melodie gesungen, die ein Zeitgenosse Meyfarts komponiert hat, Melchior

---

5 Wolfgang Heiner (Hrsg.), *Bekannte Lieder – wie sie entstanden*, 2. Auflage, SCM Hänssler, Holzgerlingen 1981, S. 159.

Franck. Er wurde 1580 in Zittau (Oberlausitz) geboren, war Musiker in Augsburg und Nürnberg, Hofkapellmeister in Coburg und ist dort 1639 gestorben. Dass die Sprache vor fast vierhundert Jahren etwas anders war als unsere heute, kann nicht verwundern. Die zukunftsgerichtete Leidenschaft, die in diesem Lied spürbar ist, wurde vom Heiligen Geist durch das prophetische Wort der Bibel entzündet. So stärkt dieses alte Lied auch heute meine Hoffnung.

Jerusalem, du hochgebaute Stadt,
wollt Gott, ich wär in dir!
Mein sehnend Herz so groß Verlangen hat
und ist nicht mehr bei mir.
Weit über Berg und Tale,
weit über Flur und Feld
schwingt es sich über alle
und eilt aus dieser Welt.

O schöner Tag und noch viel schönre Stund,
wann wirst du kommen schier,
da ich mit Lust, mit freiem Freudenmund
die Seele geb von mir
in Gottes treue Hände
zum auserwählten Pfand,
dass sie mit Heil anlände
in jenem Vaterland.

O Ehrenburg, nun sei gegrüßet mir,
tu auf die Gnaden Pfort!
Wie große Zeit hat mich verlangt nach dir,
eh ich gekommen fort
aus jenem bösen Leben,
aus jener Nichtigkeit,
und mir Gott hat gegeben
das Erb der Ewigkeit.

Was für ein Volk, was für ein edle Schar
kommt dort gezogen schon?
Was in der Welt von Auserwählten war,
seh ich: Sie sind die Kron,
die Jesus mir, der Herre,
entgegen hat gesandt,
da ich noch war so ferne
in meinem Tränenland.

Propheten groß und Patriarchen hoch,
auch Christen insgemein,
alle, die einst trugen des Kreuzes Joch
und der Tyrannen Pein,
schau ich in Ehren schweben,
in Freiheit überall,
mit Klarheit hell umgeben,
mit sonnenlichtem Strahl.

Wenn dann zuletzt ich angelanget bin
im schönen Paradeis,
von höchster Freud erfüllet wird der Sinn,
der Mund von Lob und Preis.
Das Halleluja reine
man spielt in Heiligkeit,
das Hosianna feine
ohn End' in Ewigkeit

mit Jubelklang, mit Instrumenten schön,
in Chören ohne Zahl,
dass von dem Schall und von dem süßen Ton
sich regt der Freudensaal,
mit hunderttausend Zungen,
mit Stimmen noch viel mehr,
wie von Anfang gesungen
das große Himmelsheer.

Zielstrebig leben

Nun wollen wir doch kritisch fragen: Ist es wirklich wichtig, dass wir uns mit diesen Zukunftsvisionen beschäftigen? Ist das nicht Tagträumerei, die uns von der notwendigen Tagesarbeit ablenkt? Leider gibt es Beispiele für Menschen, die sich in wilden Spekulationen und Spinnereien verloren haben. Die Botschaft der Offenbarung des Johannes ist allerdings ganz auf die Bewältigung schwierigster Alltagsverhältnisse gerichtet. Das können wir den Briefen entnehmen, die Jesus durch den Apostel Johannes an die sieben Gemeinden in Kleinasien, dem Gebiet der heutigen Türkei, richtet. Sie stehen am Anfang des Buches der Offenbarung (Kapitel 2-3) und lassen uns sehen, wie hart umkämpft und gefährdet das Leben der Christen damals war.

Verführung, Verfolgung und Verwirrung bedrohen sie. In dieser Situation richtet Jesus ihren Blick auf das Ziel. Er verhilft seinen Leuten dadurch zu einem zielgerichteten Leben. Machen wir uns einige praktische Folgerungen für die Lebensgestaltung bewusst, die sich aus dem Blick auf Gottes Ziel ergeben.

Gott wird die neue Welt, das neue Jerusalem, schaffen. Damit werden alle anmaßenden Träume und Ansprüche von Menschen kritisiert. Alle Versprechungen von Ideologen und Diktatoren, den Himmel auf Erden herstellen zu können, werden als Lügen entlarvt.

Andererseits führt diese entzaubernde Nüchternheit nicht zu trauriger und dumpfer Resignation. Trotz aller Zerstörung ist nicht der Weltuntergang die letzte Wirklichkeit, sondern Gottes neue Stadt.

Der Philosoph Peter Sloterdijk hat in seinem Buch *Du musst dein Leben ändern*[6] geschrieben, dass nur die »Große Gefahr« eines Weltuntergangs durch ökologische, ökonomische, politische und militärische Selbstzerstörung die moralische Autorität hätte, die Menschen zur Veränderung ihres Lebens aufzufordern. »Die einzige Autorität, die heute sagen darf: ‚Du mußt dein Leben ändern!', ist die globale Krise, von der seit einer Weile jeder wahrnimmt, daß sie begonnen hat, ihre Apostel auszusenden. Sie besitzt Autorität, weil sie sich auf etwas Unvorstellbares beruft, von dem sie der Vorschein ist – die globale Katastrophe. Man braucht nicht religiös musikalisch zu sein, um zu begreifen, warum die Große Katastrophe zur Göttin des Jahrhunderts werden mußte.«[7]

Es ist doch interessant, dass die Leute, die den Christen vorgeworfen haben, sie hätten die Menschen durch die Androhung des Gerichtes Gottes und der ewigen Verdammnis eingeschüchtert, um sie gefügig zu machen, jetzt die Keule der Weltuntergangsdrohung durch Klimawandel und Ausbeutung schwingen. Das ist die säkularisierte Drohbotschaft, die nichts bewirkt außer Lähmung oder Panik oder beides.

Wer auf Gottes neue Stadt schaut, wird entlastet von der Überforderung, das Unmögliche selbst schaffen zu müssen. Aber er wird zugleich ermutigt, die kleinen Schritte in Richtung Ziel zu gehen, die heute möglich und geboten sind. Die Zuversicht, dass Gott das Gesamtbild kennt und schafft, befähigt dazu, heute die kleinen Puzzle-Teile zusammenzu-

---

6 Peter Sloterdijk, *Du musst dein Leben ändern. Über Anthropotechnik*, Suhrkamp, Frankfurt a.M. 2009.
7 A.a.O. S. 701f.

fügen. Ein Freund beschrieb diese tatkräftige Zuversicht damit, dass sie halbe Sachen mit ganzem Herzen tun kann.

Wenn Gott am Ende der Zeit alle Tränen abwischen wird, dann wollen wir heute Tränen trocknen, wo immer es nötig und möglich ist.

Wenn wir in Neu-Jerusalem vollkommen im Licht der Gegenwart Gottes leben werden, dann wollen wir seine Gegenwart schon hier suchen. Jesus hat versprochen, dabei zu sein, wenn zwei oder drei sich in seinem Namen versammeln. Das Lob Gottes soll schon jetzt in unserem Leben und unserer Welt deutlich zu hören sein, wenn es in der neuen Welt alles bestimmen wird.

Wir wollen jetzt unser Leben im Licht Gottes leben und Böses böse, Unrecht unrecht, Lüge, Hass, Ehebruch und Habgier Sünde nennen, weil in Neu-Jerusalem kein Platz für Unrecht, Untreue und Lüge sein wird. Wir streben damit nicht nur einem moralischen Ideal nach, sondern wir nehmen die Vergebung der Sünden in Anspruch, die der Herr aller Herren geschaffen hat, der auch in der Herrlichkeit der neuen Welt Gottes als der Gekreuzigte, als das Lamm auf Gottes Thron angebetet wird. Und wir wollen die Veränderung unseres Lebens in der Kraft des Geistes Gottes schon hier und jetzt.

Wir wollen schon hier den Fremden und Heimatlosen ein Zuhause geben, weil Gottes neue Stadt Offenheit und Schutz in Vollkommenheit bieten wird. Und weil frisches Wasser und gesunde Nahrung den Menschen in Neu-Jerusalem in Vollkommenheit und Reichtum zur Verfügung steht, wollen wir schon heute dafür sorgen, das Hungrige gespeist und Durstige getränkt werden. Und das gilt jetzt und dann für Hunger und Durst des Leibes und der Seele.

Weil in Neu-Jerusalem Menschen aller Völker und Kulturen leben werden, wollen wir jetzt schon Brücken über nationale, soziale und kulturelle Gräben bauen. Es mag ja sein, dass das Prinzip »Gleich und gleich gesellt sich gern« auch für das Wachstum von christlichen Gemeinden ein Erfolgsrezept ist. Wenn aber solche homogenen Gruppen nicht Anfangs- und Durchgangsstadien zu sozial und kulturell bunten und vielfältigen Gemeinschaften sind, fehlt ihnen die Zielstrebigkeit.

Leider brennt nicht in allen Gemeinden das Feuer der Hoffnung. In müder Selbstgefälligkeit richten wir uns gern mit unseresgleichen gemütlich ein. Das fehlende Verlangen, die Liebe Gottes in Wort und Tat unter die Leute zu bringen, rechtfertigt man dann damit, dass man ja niemandem etwas aufdrängen und schon gar nicht missionieren und bekehren wolle.

Weil es eine endgültige und ewige Scheidung im Gericht Gottes geben wird, sagen wir schon heute den Menschen, dass sie durch die Tür, die Jesus ist, ins Vaterhaus Gottes hineingehen sollen.

Weil Neu-Jerusalem das eine Volk Gottes aus dem Volk Israel und den Völkern beherbergen wird, vergessen wir nicht, dass die Wurzeln des Volkes Gottes im Volk Israel liegen. Wir glauben mit Paulus, dass Gott dem jüdischen Volk auf wunderbare Weise treu ist und bleiben wird. Wir wissen, dass sich am Augapfel Gottes vergreift, wer das jüdische Volk verachtet und misshandelt.

Aus dem gleichen Grund tragen wir das Evangelium vom Messias Jesus in alle Welt und machen zu seinen Jüngern, Schülern alle Völker. Wir wissen, dass Jesus die Verkündigung des Evangeliums von Gottes Herrschaft unter allen Völkern als ein entscheidendes Signal für die Vollendung der Geschichte bezeichnet hat (vgl. Matthäus 24,14). Darum ist die Weltmission ein Ausdruck der Zielstrebigkeit der christlichen Gemeinde. Und umgekehrt ist es ein untrügliches Zeichen, dass die Kirche das Ziel aus den Augen verloren hat, wenn sie das Evangelium nicht mehr weltweit in allen Kulturen und Ländern weitersagen will.

Wenn wir uns neu auf Gottes zukünftige Stadt ausrichten, wird unser Denken und Handeln schon heute von Zuversicht und Hoffnung bestimmt.

Der Jerusalem-Psalm

Während die Gemeinde Gottes zur neuen, zukünftigen Gottesstadt unterwegs ist, versammelt sie sich in der Zeit ihrer Pilgerschaft an dem Ort, für den Gott seine Gegenwart versprochen hat. Dem Volk Israel war selbstverständlich bewusst, dass der lebendige Gott überall und zu jeder Zeit gegenwärtig ist. Wir sehen das an dem Gebet in Psalm 139,5: *Von allen Seiten umgibst du mich und hältst deine Hand über mir.*

Aber Gott hat seinem Volk ein besonderes Versprechen seiner Gegenwart für den Tempel in Jerusalem gegeben. Darum pilgerten die Israeliten zu den großen Festen dorthin. Psalm 122 vermittelt uns einen Eindruck von der Freude und den Erwartungen, die mit diesen Pilgerreisen nach Jerusalem verbunden waren:

Von David, ein Wallfahrtslied.
Ich freute mich über die, die mir sagten:
Lasset uns ziehen zum Hause des HERRN!
Nun stehen unsere Füße in deinen Toren, Jerusalem.
Jerusalem ist gebaut als eine Stadt,
in der man zusammenkommen soll,
wohin die Stämme hinaufziehen, die Stämme des HERRN,
wie es geboten ist dem Volke Israel,
zu preisen den Namen des HERRN.
Denn dort stehen die Throne zum Gericht,
die Throne des Hauses David.
Wünschet Jerusalem Glück!
Es möge wohlgehen denen, die dich lieben!
Es möge Friede sein in deinen Mauern
und Glück in deinen Palästen!

*Um meiner Brüder und Freunde willen
will ich dir Frieden wünschen.
Um des Hauses des HERRN willen, unseres Gottes,
will ich dein Bestes suchen.*

Wir spüren in diesem Psalm eine große Freude über die Einladung zum gemeinsamen Gottesdienst.[8] Religiosität und besser noch Spiritualität sind heute durchaus populär. Allerdings scheint es zwei Bedingungen für diese Popularität zu geben. Erstens muss alles ganz privat ablaufen. Und zweitens bitte nichts wirklich Verbindliches verlangen, wir bevorzugen undeutliche Gefühle. Der Glaube an den lebendigen Gott aber ist Gemeinschaftssache, obwohl Gott jeden einzelnen Menschen ruft. Er hat sich durch Abraham sein Volk Israel erwählt. Dieses Volk versammelt er schließlich in Jerusalem. Dort ist die Stätte der Begegnung mit ihm im gemeinsamen Gebet – im Bekenntnis der Sünde, in Bitten, im Dank und Lob Gottes. *Ich freute mich über die, die mir sagten: Lasset uns ziehen zum Hause des HERRN!* (Psalm 122,1).

Was der Tempel für Israel ist, das ist die Gemeinde der Jesus-Nachfolger für alle Völker der Welt. Paulus fragt die Christen in der Gemeinde von Korinth: *Wisst ihr nicht, dass ihr Gottes Tempel seid und der Geist Gottes in euch wohnt?* (1. Korinther 3,16). Einen gesunden Glauben erkennt man an der Freude an den Gottesdiensten der Christengemeinden.

Jerusalem ist aber auch der Ort, wo Gott seinem Volk durch das Königshaus Davids Recht sprechen

---

8 Der folgende Abschnitt findet sich auch in *Täglich rufe ich zu Dir. Mit Ulrich Parzany durch die Psalmen*, SCM R.Brockhaus, Witten 2010, S. 142.

lässt und Wegweisung für das alltägliche Leben gibt (vgl. Psalm 122,5). Nicht nebelhafte Gefühle, sondern die klaren Gebote Gottes helfen uns zu einem gelingenden Leben. Sie machen Freude, weil sie das Zusammenleben in der Gemeinschaft des Volkes Gottes stärken. Die Stadt Jerusalem steht bildlich für diese Gemeinschaft auch im Neuen Bund. Ihr gilt der Segenswunsch: *Um meiner Brüder und Freunde willen will ich dir Frieden wünschen. Um des Hauses des HERRN willen, unseres Gottes, will ich dein Bestes suchen* (Psalm 122,8-9).

Wie es in Israel sicher auch immer wieder Müdigkeit und Lustlosigkeit gab und die Wallfahrten nach Jerusalem als religiöse Pflichtübung betrachtet wurden und vielleicht auch mit Ausreden vom Terminkalender gestrichen wurden, so erleben wir auch in den christlichen Gemeinden solche Müdigkeit. Kaum vier Prozent der Kirchenmitglieder nehmen regelmäßig an einem Gottesdienst teil. Wenn es die Menschen nicht in die Gottesdienste zieht, haben sie auch kein Verlangen danach, ihr Leben nach den Wegweisungen Gottes auszurichten.

Umgekehrt ist es ein Zeichen für Lebendigkeit des Glaubens an Jesus, wenn fröhliche Gottesdienste mit vielen Teilnehmern gefeiert werden und die Jesus-Nachfolger ein Heißhunger nach dem Wort Gottes und seinen Wegweisungen für den Alltag erfasst. Mit großer Dankbarkeit erleben wir beides heute an nicht wenigen Orten auch in unserem Land. Und wenn es irgendwo nicht so ist, dann gibt es überhaupt keinen Grund, sich müde damit abzufinden. Beten wir um Erneuerung unserer Kirchen und Gemeinden! Und fragen wir uns selbst, was sich in unserem Leben ändern muss, damit geistliches Leben aufblüht.

Es hört sich immer etwas romantisch und abenteuerlich an, wenn von Erweckungszeiten erzählt wird. Da sind die Leute stundenlang gewandert, um bei Ludwig Hofacker in der Stuttgarter Leonhardskirche (1823) und dann in Rielingshausen bei Marbach (bis zu seinem frühen Tod 1828) das Wort Gottes zu hören. Genauso war es bei Pfarrer Johann Heinrich Volkening. Er wirkte von 1838 bis 1869 an der Marienkirche in Jöllenbeck bei Bielefeld. Als ich dort einmal predigte, erzählte man mir, dass die Leute in der Kirche zu Volkenings Zeit immer noch zwei Personen auf dem Schoß sitzen hatten, und außerdem von außen Leitern an die Fenster gestellt wurden, damit auch die etwas hören konnten, die in der Kirche keinen Platz fanden. Bei der heutigen Mobilität der Menschen und den hervorragenden Übertragungsmöglichkeiten von Bild und Ton würden wir mit diesen Problemen gut fertig. Also beten wir um Erneuerung und verkündigen wir treu das Wort Gottes!

Nun können wir den Psalm 122 nicht lesen, ohne auch an die Stadt Jerusalem heute zu denken.

Wünschet Jerusalem Glück! Es möge wohlgehen denen, die dich lieben!
Es möge Friede sein in deinen Mauern und Glück in deinen Palästen!

Ich habe als junger Vikar ein Jahr lang in Jerusalem an der Erlöserkirche der evangelischen, deutschen Gemeinde gearbeitet. Damals – vor dem Sechs-Tage-Krieg von 1967 – war Jerusalem geteilt. Die Altstadt war ganz arabisch. Die Westbank mit Nablus, Ramallah, Bethlehem, Beit Jala, Hebron gehörte zum Königreich Jordanien. Auch zu jener Zeit existierten

Spannungen, es gab ab und zu Schießereien an der Grenze. Heute ist die Lage unvergleichlich schwieriger und explosiver. Umso nötiger ist das Gebet für Frieden in Jerusalem. Alle menschlichen Bemühungen erscheinen aussichtslos. Gott selbst muss das Wunder schaffen.

Ein besonderes Gebetsanliegen sollten uns die Jesus-Leute in Jerusalem sein. Es gibt sie auf jüdischer Seite in den messianischen Gemeinden und in den Gemeinden arabischer Christen – abgesehen von den vielen ausländischen Christen in den internationalen Gemeinden. Besondere Fürbitte verdienen außerdem die zarten Pflänzchen der Versöhnungsbemühungen, die es zwischen den verhärteten Fronten von Gruppen mit extremen Positionen schwerhaben.

Die Erinnerung an Jerusalem lenkt unseren Blick immer wieder neu auf Gottes Zusagen, die mit dieser Stadt verbunden sind und von ihr ausgehen. Wenn wir mit Jesus auf Jerusalem blicken, gewinnen wir aber auch eine neue und von Barmherzigkeit bestimmte Perspektive auf unsere Städte, wie wir im Folgenden sehen werden.

Städte zum Weinen

Wenn man vom Ölberg über das Kidrontal auf Jerusalem schaut, bietet sich ein faszinierendes Bild der Stadt. Heute sieht man auf dem Gelände des früheren Tempels die Omar-Moschee mit der vergoldeten Kuppel, links davon am Rande des weitläufigen Platzes direkt an der Stadtmauer die Al-Aqsa-Moschee. Dahinter und nach rechts breitet sich die Altstadt aus. Die Häuser, aus hellem Jerusalem-Stein gebaut, schauen einem freundlich entgegen. Die Altstadt wird umgeben vom modernen Jerusalem. Der Hang neigt sich vom lang gezogenen Rücken des Ölbergs hinunter ins Kidrontal. Am Fuß des Ölbergs stehen in einem kleinen Garten die fast 2000 Jahre alten, knorrigen Ölbäume von Gethsemane. Ein atemberaubend schönes Bild.

Am Hang des Ölbergs steht auch eine kleine moderne Kapelle. Sie trägt den Namen »Dominus flevit« – der Herr hat geweint. Wer innen Platz nimmt, schaut über einen schlichten Steinaltar durch ein Glasfenster auf die Altstadt von Jerusalem.

Jesus hat hier irgendwo gesessen. Er hat nicht über die faszinierende Stadtsilhouette gestaunt, die damals mit dem Herodianischen Tempel wohl mindestens so eindrücklich gewesen sein muss wie heute. Jesus sah die Stadt und weinte. Wir lesen in Lukas 19,41-44:

Und als er nahe hinzukam, sah er die Stadt und weinte über sie und sprach: Wenn doch auch du erkenntest zu dieser Zeit, was zum Frieden dient! Aber nun ist's vor deinen Augen verborgen. Denn es wird eine Zeit über dich kommen, da werden deine Feinde um dich einen Wall aufwerfen, dich belagern und von allen Seiten bedrängen und werden dich dem Erdboden gleichmachen samt deinen Kindern in dir und keinen Stein auf dem andern lassen in dir, weil du die Zeit nicht erkannt hast, in der du heimgesucht worden bist.

Jesus musste das Gericht über die Stadt ankündigen. Er tat es mit dem Schmerz der Liebe. Es ist die Liebe Gottes, die nicht zwingen kann. Es ist die Liebe Gottes, die auch Gerhard Tersteegen in seinem Lied besingt: »Ich bete an die Macht der Liebe, die sich in Jesus offenbart.« Liebe kann nicht vergewaltigen. Wo sie abgelehnt wird, muss sie ohnmächtig bleiben. Jesus hat seine verschmähte Liebe im Blick auf Jerusalem vorher schon so ausgedrückt:

Jerusalem, Jerusalem, die du tötest die Propheten und steinigst, die zu dir gesandt werden, wie oft habe ich deine Kinder versammeln wollen wie eine Henne ihre Küken unter ihre Flügel und ihr habt nicht gewollt! Seht, »euer Haus soll euch wüst gelassen werden« (Jeremia 22,5; Psalm 69,26). Aber ich sage euch: Ihr werdet mich nicht mehr sehen, bis die Zeit kommt, da ihr sagen werdet: Gelobt ist, der da kommt in dem Namen des Herrn!
(Lukas 13,34-35)

Nicht nur Jerusalem, auch die Städte Galiläas haben die Liebe Gottes durch die Wunder und Worte von Jesus erfahren. Ich stand wiederholt bei den Trümmerhaufen mit den schwarzen Steinen von Chorazin und in den faszinierenden Ausgrabungen von Kapernaum und las die Worte, die Jesus über diese Städte aussprach:

Da fing er an, die Städte zu schelten, in denen die meisten seiner Taten geschehen waren; denn sie hatten nicht Bu-

ße getan: Wehe dir, Chorazin! Weh dir, Betsaida! Wären solche Taten in Tyrus und Sidon geschehen, wie sie bei euch geschehen sind, sie hätten längst in Sack und Asche Buße getan. Doch ich sage euch: Es wird Tyrus und Sidon erträglicher ergehen am Tage des Gerichts als euch. Und du, Kapernaum, wirst du bis zum Himmel erhoben werden? Du wirst bis in die Hölle hinuntergestoßen werden. Denn wenn in Sodom die Taten geschehen wären, die in dir geschehen sind, es stünde noch heutigen Tages. Doch ich sage euch: Es wird dem Land der Sodomer erträglicher ergehen am Tage des Gerichts als dir.

(Matthäus 11,20-24)

Wird Jesus solche Wort auch über unser Land und die vielen Städte in Deutschland sprechen, in denen im Laufe der Kirchengeschichte das Evangelium von der Liebe Gottes in Wort und Tat wie ein warmer Regen ausgegossen wurde? Alte Klosterruinen zeugen von dem hingebungsvollen Dienst der Mönche und Nonnen an Armen und Kranken. Viele Städte haben in der Reformationszeit das Evangelium in Klarheit gehört. Wir haben die Bibel in unserer Muttersprache früher lesen können als viele andere Völker. Gott hat geistliche Aufbrüche geschenkt, durch die viele Menschen Frieden mit Gott erfahren haben. Die Auswirkungen in sozialen Diensten an Kranken und Armen sind bis heute nachweisbar.

Aber was ist daraus geworden? *Weißt du nicht, dass dich Gottes Güte zur Umkehr leitet?*, fragt Paulus (Römer 2,4). Ja, wir sind dankbar für die vielen Christen im Land, die zum Dienst innerhalb der Gemeinden und darüber hinaus in der ganzen Gesellschaft bereit sind. Aber müssten nicht von den 82 Millionen Bewohnern Deutschlands noch viel mehr umkehren und Gott die

Ehre geben? Was gelten die Gebote Gottes in unserem Land? Die Ehrlichen gelten als die Dummen. Die Habgierigen sind die angesehenen Leute. Ehebruch, Unzucht und Abtreibungen sind legalisiert und werden deshalb von sehr vielen als rechtmäßig angesehen. Könnte es sein, dass Jesus mit Grund über uns Gerichtsworte sprechen muss wie über Kapernaum, Betsaida, Chorazin und Jerusalem?

Die Geschichte lehrt uns, dass nicht nur Städte, sondern auch Kirchen und Gemeinden zerstört werden können. Von den Gemeinden in Kleinasien, an die Jesus durch den Apostel Johannes Briefe schreiben ließ (vgl. Offenbarung 2-3), finden wir heute kaum noch Ruinen. Auch von den blühenden Gemeinden der Alten Kirche in Nordafrika gab es Jahrhunderte lang keine Spur mehr. Es gehört zu den Beweisen der Gnade Gottes, dass heute trotz großer Schwierigkeiten und Verfolgungsnöte in Nordafrika wieder kleine Gemeinden entstehen. Auch in Izmir in der Türkei, dem alten Smyrna des Neuen Testamentes, gibt es wieder lebendige Gemeinden von Jesus-Nachfolgern.

In Europa sollten wir uns warnen lassen. Kirchen, die Gottes Wort verachten, werden sterben. Dagegen helfen keine Kirchensteuern und keine schön restaurierten romanischen und gotischen Kirchengebäude. Allerdings könnten uns die vielen alten Gebäude daran erinnern, dass Gott über unser Land im Laufe von Jahrhunderten schier unermesslichen Segen ausgeschüttet hat. Die evangelischen Kirchen planen schon jetzt für das Jubiläumjahr 2017. Dann ist der Beginn der Reformation durch Martin Luther in Wittenberg 500 Jahre her. Das wird bestimmt ein großes kulturelles und touristisches Ereignis. Ist dieses Datum nicht auch Anlass, die Botschaft der Reformation allen Menschen in Europa neu zu sagen? Christus allein, die Gnade allein, der Glaube allein, die Heilige Schrift allein! In diesem vierfachen »Allein« ist die Neuentdeckung des biblischen Evangeliums in der Reformation zusammengefasst worden.

Luther hat 1526 eine Ordnung für Gottesdienste in deutscher Sprache herausgegeben, die ja bis dahin für die meisten Menschen unverständlich in lateinischer Sprache gefeiert wurden. In der Vorrede zu dieser »Deutschen Messe« schreibt er, dass die Gottesdienste ein »öffentlicher Anreiz zum Glauben und zum Christentum« sein sollen. Er beschreibt drastisch, »dass sie öffentlich in den Kirchen vor allem Volk gehalten werden, worunter viele sind, die noch nicht glauben oder Christen sind, sondern die Mehrzahl steht da und gafft, dass sie auch etwas Neues sehen, gerade als ob wir unter den Türken oder Heiden auf einem freien Platz oder Feld Gottesdienst hielten«. Das schreibt Luther, obwohl damals praktisch alle als kleine Kinder getauft wurden.

Was für ein mutiger missionarischer Aufbruch, der in der nachfolgenden Zeit leider immer wieder gedämpft und fast erstickt wurde. Allerdings haben wir in Deutschland in den Jahrhunderten seit der Reformation auch immer wieder frische Aufbrüche erlebt. Namen wie Johann Albrecht Bengel, Philipp Jakob Spener, August Hermann Francke, Nikolaus Ludwig Graf von Zinzendorf, Ludwig Hofacker, Ludwig Harms, Alois Henhöfer, Johann Hinrich Wichern und viele andere bis in die neueste Zeit stehen für solche Aufbrüche, die zur geistlichen Erneuerung in den Kirchen geführt haben. Gott hat viel unverdiente Gnade über unser Land ausgegossen. Was ist daraus geworden? *Weißt du nicht, dass dich Gottes Güte zur Umkehr leitet?*, fragt Paulus im Römerbrief 2,4.

Was soll uns zur Umkehr und Erneuerung treiben, wenn nicht die Tränen von Jesus? Das gilt auch für jeden von uns ganz persönlich.

Sucht der Stadt Bestes!

Nachdem Jerusalem im Jahre 587 vor Christus von den Neubabyloniern erobert, der Tempel zerstört und der größte Teil der Bevölkerung in die Gefangenschaft weggeführt worden war, fragten sich die Menschen im Exil, was werden sollte. Hatte Gott seine Versprechen vergessen und gebrochen? Mussten sie jede Hoffnung auf Heimkehr aufgeben? In der Situation traten Propheten auf, die dem Volk Mut machten und die schnelle Rückkehr nach Jerusalem in Aussicht stellten. Was sie predigten, hörte sich wie Evangelium an. Aber der Prophet Jeremia musste im Auftrag Gottes einen Brief an die Gefangenen schreiben, der eine andere Botschaft enthielt. Wir lesen in Jeremia 29,4-14:

So spricht der HERR Zebaoth, der Gott Israels, zu den Weggeführten, die ich von Jerusalem nach Babel habe wegführen lassen: Baut Häuser und wohnt darin; pflanzt Gärten und esst ihre Früchte; nehmt euch Frauen und zeugt Söhne und Töchter, nehmt für eure Söhne Frauen und gebt eure Töchter Männern, dass sie Söhne und Töchter gebären; mehrt euch dort, dass ihr nicht weniger werdet. Suchet der Stadt Bestes, dahin ich euch habe wegführen lassen, und betet für sie zum HERRN; denn wenn's ihr wohl geht, so geht's auch euch wohl. Denn so spricht der HERR Zebaoth, der Gott Israels: Lasst euch durch die Propheten, die bei euch sind, und durch die Wahrsager nicht betrügen, und hört nicht auf die Träume, die sie träumen! Denn sie weissagen euch Lüge in meinem Namen. Ich habe sie nicht gesandt, spricht der HERR. Denn so spricht der HERR: Wenn für Babel sieb-

zig Jahre voll sind, so will ich euch heimsuchen und will mein gnädiges Wort an euch erfüllen, dass ich euch wieder an diesen Ort bringe. Denn ich weiß wohl, was ich für Gedanken über euch habe, spricht der HERR: Gedanken des Friedens und nicht des Leides, dass ich euch gebe das Ende, des ihr wartet. Und ihr werdet mich anrufen und hingehen und mich bitten und ich will euch erhören. Ihr werdet mich suchen und finden; denn wenn ihr mich von ganzem Herzen suchen werdet, so will ich mich von euch finden lassen, spricht der HERR, und will eure Gefangenschaft wenden und euch sammeln aus allen Völkern und von allen Orten, wohin ich euch verstoßen habe, spricht der HERR, und will euch wieder an diesen Ort bringen, von wo ich euch habe wegführen lassen.

Ja, die Heimkehr nach Jerusalem wird von Gott zugesagt, aber nicht sofort. 70 Jahre – das sind mehrere Generationen – werden noch vergehen. Die Exilanten sollen sich also einrichten, Häuser bauen und Familien gründen. Aber sie sollen nicht endgültig im fremden Land zu Hause sein.

Hier können wir lernen, wie wir uns verhalten sollen, auch wenn wir hier keine bleibende Stadt haben:

Suchet der Stadt Bestes, dahin ich euch habe wegführen lassen, und betet für sie zum HERRN; denn wenn's ihr wohl geht, so geht's auch euch wohl. (Jeremia 29,7)

Die Stadt ist Exil und nicht Heimat. Trotzdem sollen die Weggeführten zu dieser Stadt eine liebevolle Beziehung entwickeln. Das hört sich widersprüchlich an und ist auf jeden Fall spannungsreich. Sie sollen sich aufs Bleiben einrichten und doch nicht wirklich Heimatgefühle entwickeln. So soll auch unsere Beziehung zu der Welt sein, in der wir heute leben. Nein, wir sollen nicht weltflüchtig und weltverachtend leben. Wir sollen zum Wohl der Städte beitragen, in denen wir wohnen.

Zum Besten, das wir für eine Stadt tun können, gehört die Fürbitte. Die Vertriebenen aus Jerusalem hatten die Stadtregierung im babylonischen Exil nicht gewählt. Sie wurden nicht wie gleichberechtigte Bürger behandelt, sondern als Fremdarbeiter. Und doch sollten sie für die Stadt beten. Der Grund ist ziemlich pragmatisch, ja fast egoistisch: Wenn es ihr gut geht, geht es euch auch gut. Ist das zu wenig an Motivation für unser Engagement in Stadt und Land?

Immer wieder hat es allerdings auch Christen gegeben, die meinten, durch ihr soziales und politisches Engagement die Gesellschaft wenigstens in ein Stück Himmel auf Erden, wenn nicht gar in das vollkommene Reich Gottes auf Erden verwandeln zu können. Es hat immer enttäuschend, manchmal auch katastrophal blutig geendet.

In den Jahren 1534/1535 errichteten aus den Niederlanden kommende, radikale Propheten in der Stadt Münster in Westfalen das Reich Gottes. Die Reformation Martin Luthers hielten sie für völlig unzureichend. Jan Mathys, ihr Anführer, kündigte für Ostern 1534 das Erscheinen von Jesus Christus in Münster an. Als das nicht geschah, zog er mit einigen Gefolgsleuten vor die Stadt und wurde von den belagernden Truppen des Fürstbischofs Franz von Waldeck getötet. Danach herrschte der Prophet Jan van Leiden mit brutaler Gewalt. Er vollstreckte Todesurteile gelegentlich selbst. Obwohl die Täufer für Sittenstrenge eintraten, führte er wegen des herrschenden Frauenüberschusses im Sommer 1534 die Polygamie ein. Er hatte selbst

16 Ehefrauen. Jan van Leiden wurde zum König Johannes I. ernannt.

Nach anderthalb Jahren Belagerung wurde Münster am 24. Juni 1535 eingenommen. »Ein Blutbad beendete das Täuferreich. Rund 650 Verteidiger wurden getötet, die Frauen aus der Stadt vertrieben. ... Die übrigen obersten Täufer wurden jedoch für ihre Abtrünnigkeit zu Tode gefoltert: Am 22. Januar 1536 wurden Jan van Leiden, Bernd Krechting und Bernd Knipperdolling auf dem Prinzipalmarkt mit glühenden Zangen die Zungen herausgerissen und schließlich erdolcht. Ihre Leichen wurden in eigentlich für den Gefangenentransport bestimmten eisernen Körben an den Turm der Lambertikirche gehängt.«[9]

Was im 16. Jahrhundert religiöse Fanatiker versuchten, das haben ihre säkularisierten Nachfolger in der Gestalt totalitärer Systeme mit noch katastrophalerem Ende probiert: Der Nazi-Terror, das sogenannte Tausendjährige Reich Hitlers, und die kommunistische Diktatur mit dem Ziel der klassenlosen Gesellschaft endeten in Blut, Tränen und Ruinen. Heute sind wir mit dem Versuch der blutigen Aufrichtung von angeblichen Theokratien konfrontiert. Nun unter islamischem Vorzeichen.

Nein, es geht nicht um die vollkommene Aufrichtung der Gottesherrschaft durch soziales und politisches Handeln, es geht um das Relative, um die kleinen Schritte der Besserung zum Wohl der Menschen, besonders zum Wohl der Schwachen und Benachteiligten.

Das aber will Gott von uns. Im Vertrauen auf den auferstandenen und wiederkommenden Herrn Jesus

---

9 http://de.wikipedia.org/wiki/T%C3%A4uferreich_von_M%C3%BCnster, am 5.3.2012.

Christus, der den neuen Himmel und die neue Erde schaffen wird, sollen und können wir jetzt das Bruchstückhafte tun. Wir dürfen kleine Puzzle-Teile zu dem großen Bild beitragen, das Gott selbst vollenden wird. Wir sollen uns nicht von der Zerstörung ringsum lähmen lassen. Wir schauen auf die neue Stadt Gottes und beten für die Städte, in denen wir leben.

Wir haben im Neuen Testament eine wunderbare Ermutigung dazu. Nachdem Paulus ausführlich über die Auferweckung von Jesus Christus und später aller Toten berichtet hat, schreibt er:

Darum, meine lieben Brüder, seid fest, unerschütterlich und nehmt immer zu in dem Werk des Herrn, weil ihr wisst, dass eure Arbeit nicht vergeblich ist in dem Herrn.
(1. Korinther 15,58)

Zwangsweise und bereitwillig mobil

Bei einer Konferenz erzählte Dr. Johann Matthies, der Verantwortliche der Mennoniten-Brüdergemeinden für Mission in Europa und Zentralasien, dass in seinem und seiner Frau Ehering das Bibelwort aus Hebräer 13,14 stehe: *Wir haben hier keine bleibende Stadt, sondern die zukünftige suchen wir.*

Johann Matthies wurde in Kasachstan geboren, mit elf Jahren siedelte er 1978 mit seinen Eltern nach Deutschland um, er machte hier sein Abitur und eine berufliche Ausbildung, studierte dann in den USA, arbeitete als Landesbeauftragter der Mennonitischen Umsiedlerbetreuung in Thüringen und Sachsen, war dann fünf Jahre im Missionsdienst im Kaukasus, dann wieder in verschiedenen Diensten in Deutschland und in Litauen. Als Leiter eines Missionsdienstes in Europa und Zentralasien ist er in der ganzen Welt sehr viel unterwegs.

Ein so bewegtes Leben ist eine Veranschaulichung für das Wort *Wir haben hier keine bleibende Stadt*. Noch nie vorher habe ich gehört, dass ein Ehepaar mit Hebräer 13,14 die Unstetigkeit so bewusst als Rahmenbedingung für das gemeinsame Leben gesehen und angenommen hat. Vielleicht hängt das ja auch damit zusammen, dass die Gemeinschaft, zu der sie gehören, in ihrer Geschichte Verfolgung und Vertreibung erlitten und dadurch immer wieder ihre Heimat verloren hat.

Die Mennoniten sind seit fast fünfhundert Jahren zwangsweise unterwegs. Sie wurden schon im 16. Jahrhundert als Täufer verfolgt und vertrieben. Ihren Namen haben sie von ihrem Gründer, dem aus Friesland stammenden Reformator Menno Simons (1496–1561), der sich 1536 der aus der Schweiz kommenden Täuferbewegung anschloss. Die Täufer lehnten und lehnen die Kindertaufe ab und taufen nur Menschen, die sich zum Glauben an Jesus Christus bekennen. Menno Simons begründete auch den pazifistischen Zweig der Bewegung, der bis heute den Militärdienst ablehnt. In den nördlichen Niederlanden wurde sie geduldet, aber im Rest der europäischen Länder blutig verfolgt und vertrieben. Die Mennoniten gehörten zu den frühen Siedlern in Nordamerika (Pennsylvania). Viele siedelten auch im Weichseldelta und mussten im 18. Jahrhundert nach Russland und in die Ukraine auswandern. Unter Stalin wieder verfolgt, zogen viele dann nach Kanada und Paraguay, wo sie unter schweren Bedingungen ein neues Zuhause fanden.

Gerade in Paraguay haben sich 1927 große Mennonitengemeinden angesiedelt. Der Staat dort akzeptierte, dass sie ihrem Gewissen folgen und den Militärdienst ablehnen. Ihnen wurde zum Siedeln der Chaco, eine trockene, heiße Region westlich des Paraguay-Flusses zugewiesen. Niemand glaubte, dass man dort überleben könnte. Die großen Kolonien, die ich selbst schon besuchen konnte, sind jedoch Beweise für Gottes wunderbare Hilfe und bieten Anschauung dafür, was durch ein Leben in gehorsamer Nachfolge von Jesus geschehen kann.

Die Mennoniten haben den Indianerstämmen im Chaco in Wort und Tat die Liebe Gottes in Jesus nahegebracht. Ich war mit meiner Frau während eines kurzen Besuches Zeuge eines wunderbaren Taufgottesdienstes bei einem Indianervolk.

Eigentlich haben die Mennoniten sich traditionell nicht aktiv an der Politik eines Landes beteiligt. Sie organisierten allerdings ihre Gemeinden sehr erfolgreich als politische Gemeinwesen. In Paraguay haben sich vor gut zwanzig Jahren die ersten Männer aus Mennonitengemeinden um Parlamentssitze beworben. Das war, wie mir berichtet wurde, zunächst durchaus umstritten unter ihnen. Sollte man sich als Christ wirklich in das politische – schmutzige? – Geschäft begeben? Inzwischen gibt es vorbildliche Beispiele des Wirkens der Mennoniten im Finanz- und auch im Gesundheitswesen des Staates Paraguay. Das Buch von Ernst Bergen, *Entwicklung, Macht und Korruption – Als Christ in der Regierung Paraguays*[10] schildert packend den Weg des Autors in die Politik und seine Erfahrungen als Handels- und Finanzminister in der Regierung des Präsidenten Óskar Nicanor Duarte Frutos (2003–2007).

Auch das Engagement der Mennoniten im Staatsgefängnis von Paraguay in der Hauptstadt Asunción ist nach meiner Kenntnis weltweit einzigartig. Eine Gemeinde betreibt einen großen Teil des Gefängnisses selbstständig. Nicht nur, dass dort eine vorbildliche und wirkungsvolle Resozialisierung der Gefangenen geschieht, viele Hundert Männer sind dort auch zum Glauben an Jesus gekommen und haben neue Hoffnung für ihr Leben gefunden. Es verschlug mir die Sprache, als ich mitten in dem furchtbaren Gefängniskomplex über einer Tür die Schrift »Iglesia de Libertad« las, Kirche der Freiheit. Diese Arbeit wurde vor gut 25 Jahren durch persönliche Besuche im Gefängnis begonnen.

---

10 Ernst Ferdinand Bergen und Phillis Pellman Good, *Entwicklung, Macht und Korruption – Als Christ in der Regierung Paraguays*, Neufeld Verlag, Schwarzenfeld 2009.

Ich erzähle von diesen Beispielen, weil sie zeigen, was Christen in dieser Welt bewirken, in der sie keine bleibende Stadt haben, und die zur zukünftigen Stadt Gottes unterwegs sind.

Ohne Beweglichkeit (innerlicher wie äußerlicher) ist ein Dienst in Gottes weltweiter Mission nicht vorstellbar. Das sollte eigentlich nicht erstaunlich, sondern normal sein. Für Leute, die in der globalisierten Wirtschaft ihre Karriere machen, ist es jedenfalls völlig normal, dass sie flexibel ihre Einsatzorte, teilweise sogar weltweit, wechseln müssen. Dabei geht es da um Geld und Macht, was offenbar jeder versteht. Sind Ehrgeiz und Besitzstreben überzeugendere Gründe für eine mobile Lebensweise als die Barmherzigkeit Gottes, die will, dass alle Menschen gerettet werden und zur Erkenntnis der Wahrheit kommen (vgl. 2. Timotheus 2,4)?

Wenn ich bedenke, dass die weltweite Arbeit der Mennoniten nicht durch Beschlüsse eines Missionskomitees, sondern durch gewaltsame Vertreibung ausgelöst wurde, sehe ich sofort die erste Gemeinde in Jerusalem vor Augen. Obwohl die Jünger den Auftrag zur Weltmission vom auferstandenen Jesus höchstpersönlich empfangen hatten und die Gemeinde durch die gewaltige Manifestation der Ausgießung des Heiligen Geistes entstanden war, begann die Weltmission nicht unverzüglich und bereitwillig. Im Gegenteil, man blieb in Jerusalem und erfreute sich des blühenden Gemeindelebens. Dann gab es Widerstand. Stephanus wurde gesteinigt.

Es erhob sich aber an dem Tag eine große Verfolgung über die Gemeinde in Jerusalem; da zerstreuten sich alle in die Länder Judäa und Samarien, außer den Aposteln ... Die nun zerstreut worden waren, zogen umher und predigten das Wort (Wörtlich heißt es hier im griechischen Text des Neuen Testamentes: »Sie evangelisierten das Wort«! – Apostelgeschichte 8,1.4).

Und später lesen wir in Apostelgeschichte 11,19-21:

Die aber zerstreut waren wegen der Verfolgung, die sich wegen Stephanus erhob, gingen bis nach Phönizien und Zypern und Antiochia und verkündigten das Wort niemandem als allein den Juden. Es waren aber einige unter ihnen, Männer aus Zypern und Kyrene, die kamen nach Antiochia und redeten auch zu den Griechen und predigten das Evangelium vom Herrn Jesus. Und die Hand des Herrn war mit ihnen und eine große Zahl wurde gläubig und bekehrte sich zum Herrn.

Die damalige Weltmetropole Antiochia in Syrien, mit einer halben Million Einwohnern eine der vier größten Städte des römischen Reiches, wurde der Ausgangspunkt der Weltmissionsreisen des Paulus. Paulus hatte nach seiner Bekehrung selbst Verfolgung in Damaskus und Jerusalem erlebt und war nicht zuletzt aus Sicherheitsgründen in seine Heimatstadt Tarsus – in der heutigen südöstlichen Türkei gelegen – zurückgekehrt. Von dort holte ihn Barnabas nach Antiochia. Paulus hatte wohl als Lehrer erheblichen Anteil am Aufbau der multikulturellen Gemeinde dort. Aber er hatte keine bleibende Stadt. Der Heilige Geist bewegte die Gemeindeleitung in Antiochia, ihre besten Leute zur Weitergabe des Evangeliums auszusenden. Die spannende Geschichte ist in der Apostelgeschichte nachzulesen (vgl. Apostelgeschichte 11,19-30; 13,1-3).

Offensichtlich hat Gott immer wieder in der Geschichte solche nicht ganz freiwilligen Wanderungsbewegungen benutzt, um seine Leute als Boten des Evangeliums in alle Welt zu bringen. Bei den Mennoniten haben wir das schon gesehen. Auch die Vertreibung der Hugenotten aus Frankreich wurde für andere Teile Europas zum Segen. Das Gleiche gilt für die Vertreibung der evangelischen Christen aus Salzburg. Sie verließen lieber Haus und Heimat, als dass sie die Bibel und den Glauben an Jesus Christus, ihren Retter, aufgaben.

Am Ende des 19. und zu Beginn des 20. Jahrhunderts wurden Tausende von Arbeitern in den Kohlegruben und Stahlwerken des Ruhrgebietes gebraucht. Auch meine Großeltern väterlicherseits sind damals aus dem verarmten Ostpreußen nach Essen gezogen. Armutsmigration würden wir das heute nennen. Sie brachten nicht nur ihre wirtschaftliche Not, sondern auch ihren Glauben an Jesus mit. Der Ostpreußische Gebetsverein hatte viele Gemeinschaften im Ruhrgebiet. Es gab u.a. dadurch um die Jahrhundertwende geistliche Aufbrüche in den Industriestädten.

Könnte es sein, dass wir heute etwas Ähnliches durch die globalen Migrationsbewegungen erleben? Tausende Afrikaner kommen nach Europa, weil sie in ihrer Heimat keine Überlebensmöglichkeit mehr sehen. Das Elend dieser Flüchtlinge, von denen viele im Mittelmeer ertrunken sind, schreit zum Himmel.

Aber nicht nur das Elend treibt die Menschen um die Welt, auch gut ausgebildete Wissenschaftler und Techniker, IT-Fachkräfte und andere Experten wandern von Ost nach West und von Süd nach Nord. Unter ihnen sind viele engagierte Christen.

In allen größeren Städten Deutschlands haben sich in den letzten Jahren zum Teil große internationale

Gemeinden gebildet. Ich selbst kenne Akademiker aus Afrika, die von ihren Heimatgemeinden als Missionare nach Europa ausgesandt worden sind. Meist treffen sie sich mit anderen Christen ihrer Kultur. Das ist verständlich. In der Fremde hat man ein Verlangen nach der Muttersprache, nach heimischen Speisen und Gewohnheiten. Die Deutschen haben aus dem gleichen Grund in vielen Ländern weltweit deutsche Gemeinden gegründet, die von Deutschland aus betreut werden. Ich war selbst als Vikar in der deutschen Gemeinde in Jerusalem tätig.

Ich bin überzeugt, dass wir in Deutschland Christen aus anderen Teilen der Welt dringend brauchen. Heute wachsen die christlichen Kirchen auf der südlichen Halbkugel der Erde dynamisch, während wir in Europa Stillstand und sogar Schrumpfung verzeichnen. Die demographische Entwicklung, also die Alterung der Gesellschaft, ist keine hinreichende Erklärung. Ich will hier darauf verzichten, über die geistigen und geistlichen Blockierungen zu schreiben, die leere Kirchen und unbewegliche Gemeinden verursachen. Ich will aber betonen, dass wir in Deutschland dringend die Zusammenarbeit mit internationalen Christen brauchen. Wir brauchen ihre Freude, Leidenschaft und Kühnheit, das Evangelium von Jesus in einer Gesellschaft zu verkünden, die Gott vergessen hat.

Ich ermutige zugleich die internationalen Gemeinden, sich nicht auf die Menschen ihrer eigenen Kultur zu beschränken, sondern die Zusammenarbeit mit den deutschen Gemeinden zu suchen. Gerade weil viele von den internationalen Gemeinden ihren missionarischen Auftrag in Deutschland sehen, müssen sie auch den Zugang zur deutschen Sprache und Kultur suchen. Denn wir brauchen in Deutschland dringend die missionarische Zielstrebigkeit, die in vielen internationalen Gemeinden zu spüren ist.

Ich sah und hörte über Internet eine Rede von Erzbischof Dr. Benjamin Kwashi aus Jos in Nigeria. Er leitet das dortige Bistum der anglikanischen Kirche. Diese Kirche geht wie die anderen christlichen Denominationen im Norden Nigerias durch schwere Zeiten. Die Medien müssen häufig über Morde und Zerstörung von Kirchen durch islamische Fanatiker berichten. Trotz aller Bedrängnis sind die nigerianischen Christen auch im Norden dynamisch und senden Missionare in andere Länder. Erzbischof Ben Kwashi ist ein gebildeter Mann und wurde in England promoviert. Er kennt sich mit den europäischen Kirchen gut aus. Mich erschütterte seine Kritik. Er sagte sinngemäß: »Sie haben ihre Mitglieder systematisch geimpft, und zwar gegen Freude, Leidenschaft und die Kühnheit, das Evangelium von Jesus Christus weiterzusagen.«

Ich wünschte mir, dass die Reaktion in unseren Kirchen in Deutschland gegenüber einer solchen Kritik nicht Empörung, Beleidigtsein und Rechtfertigung ist, sondern Einsicht, Umkehr und Bereitschaft zu lernbereiter Zusammenarbeit. Die Chance dazu besteht heute. Ob wir sie nutzen, ist noch nicht wirklich erkennbar.

Zum Thema »zwangsweise und bereitwillig mobil« gehört heute auch, dass viele Angestellte in großen Firmen mit Versetzungen weltweit rechnen müssen. Natürlich wird dabei zum Teil viel Geld verdient. Manche nehmen das sportlich und genießen diesen Global-Player-Lebensstil. Nicht selten trifft es aber Ehen und Familien auch schwer. Man muss den Berufungen nicht folgen, man kann auch kündigen. Aber nicht immer bieten sich alternative Möglichkeiten, den Lebensunterhalt für die Familie zu verdienen. Ob Christen, die in solche berufliche Situationen kommen, die Perspektive gewinnen können, dass sie als Zeugen und Boten von Jesus Christus in die neue Arbeitswelt gesandt sind? Könnten sie ihre Heimatgemeinden hier in Deutschland im Gebet unterstützen? Könnten sie nicht durch Missionsgesellschaften und internationale Gemeinden auf ihre neue Situation vorbereitet werden? Sicher geschieht das immer wieder. Es müsste in einer globalisierten Arbeitswelt jedoch der Normalfall werden.

Zeltmacher-Missionare nennt man in der weltmissionarischen Arbeit die Boten, die in akzeptierten Berufen in Länder gehen, die meist für »normale« Missionare verschlossen sind. Der Name stammt daher, dass Paulus seinen Lebensunterhalt selbst als Zeltmacher verdiente, um das Evangelium unter die Leute zu bringen, ohne sich von christlichen Gemeinden bezahlen zu lassen.

Aber selbst dann, wenn keine ausdrückliche Berufung zum missionarischen Dienst die Voraussetzung für eine berufliche Tätigkeit im Ausland ist, sollten Christen Kontakt zu einheimischen Gemeinden in ihrem Gastland suchen, wenn ihre Sprachkenntnis das erlaubt. Die weltweite Gemeinde der Christen ist der eine Leib von Jesus Christus. So sieht das die Bibel. So bekennen Christen es im Apostolischen Glaubensbekenntnis. »Ich glaube ... an die heilige christliche Kirche, Gemeinschaft der Heiligen ...« Es kann auf Dauer nicht gesund sein, wenn ein Glied die Verbindung zu den anderen Gliedern in einem Land nicht sucht, nur weil die Kultur und Sprache unterschiedlich sind.

Die Zeit drängt

Paulus hatte eine sehr herausfordernde Sicht davon, wie Christen mit der Welt, in der sie gegenwärtig leben, umgehen sollten. Im 1. Korintherbrief 7,25-31 schreibt er über das Heiraten, die Trauer, die Freude, das Kaufen und das Benutzen der Dinge:

Über die Jungfrauen habe ich kein Gebot des Herrn; ich sage aber meine Meinung als einer, der durch die Barmherzigkeit des Herrn Vertrauen verdient. So meine ich nun, es sei gut um der kommenden Not willen, es sei gut für den Menschen, ledig zu sein. Bist du an eine Frau gebunden, so suche nicht, von ihr loszukommen; bist du nicht gebunden, so suche keine Frau. Wenn du aber doch heiratest, sündigst du nicht, und wenn eine Jungfrau heiratet, sündigt sie nicht; doch werden solche in äußere Bedrängnis kommen. Ich aber möchte euch gerne schonen. Das sage ich aber, liebe Brüder: Die Zeit ist kurz. Fortan sollen auch die, die Frauen haben, sein, als hätten sie keine; und die weinen, als weinten sie nicht; und die sich freuen, als freuten sie sich nicht; und die kaufen, als behielten sie es nicht; und die diese Welt gebrauchen, als brauchten sie sie nicht. Denn das Wesen dieser Welt vergeht.

Zuerst einmal müssen wir uns vergegenwärtigen, dass damals wie in vielen Teilen der Welt auch heute noch die Wahl des Ehepartners nicht Sache jedes Einzelnen war. Man wurde verheiratet. Die Eltern oder die Oberhäupter der Großfamilie suchten die Ehepartner aus. So müssen wir den Rat des Paulus an die Familien verstehen, ob sie ihre Mädchen verheiraten sollten oder nicht.

Weiter ist zu beachten, dass Paulus hier einen Rat aus persönlicher Einschätzung gibt. Er sagt ausdrücklich, dass er kein Gebot des Herrn in dieser Angelegenheit hat. Davon können wir lernen, dass wir sehr wohl mit Überzeugung anderen seelsorgerlich raten dürfen und sollen, dass wir aber eigene Meinung und Gottes klares Gebot deutlich unterscheiden müssen.

Für die erste Generation der Christen war selbstverständlich, dass Jesus zu ihren Lebzeiten wiederkommen würde. Sie lebten in dieser unmittelbaren Erwartung. Das schloss auch ein, dass sie die Ankündigungen ernst nahmen, die Jesus über Verfolgung und Bedrängnis seiner Gemeinde in der sich zuspitzenden Geschichte gemacht hatte. Wir lesen in Matthäus 24 von weltanschaulicher und religiöser Verführung, von Folter und Hass auf die Jesus-Nachfolger, von Kriegen, Kriegspropaganda, Erdbeben und Hungersnöten. Jesus hatte seinen Jüngern gesagt, dass er sie wie Schafe unter die Wölfe schickte (vgl. Matthäus 10,16). Damit waren Konflikte mit der Gesellschaft, Verfolgung, Leiden und Sterben in seiner Nachfolge als Normalfall angekündigt.

Unter diesem Gesichtspunkt sah Paulus schwere Belastungen auf Ehen und Familien zukommen. Inzwischen kennen wir aus Berichten die Nöte, wenn totalitäre antichristliche Regierungen Christen ihre Kinder wegnehmen oder Ehepartner mit Gefängnis und Folter bedroht werden. Paulus hat am eigenen Leibe vieles durchgemacht und kannte solche Situationen. In harmlosen, freiheitlichen Verhältnissen, wie wir sie gegenwärtig in Europa erleben, sind Ratschläge, wie Paulus sie den Korinthern gibt, jedoch schwer verständlich. Wir neigen dazu, sie für übertrieben zu halten. Wir wünschen uns ja nicht, dass sich die Verhältnisse bei uns so ändern, dass wir Paulus besser verstehen. Wir wollen für die Freiheit, die wir genießen, dankbar sein und die Chancen zum Dienst nutzen.

Die Grundeinstellung zu der Welt, in der wir leben, soll aber von der Zukunft, vom Kommen des Herrn zur Auferweckung der Toten, zum Gericht und zur Neuschöpfung der Welt bestimmt werden. An anderen Stellen der Heiligen Schrift wird die Motivation für das Hoffnungshandeln betont: Wir sollen jetzt schon zeichenhaft und teilweise vorweg tun, was in Gottes neuer Welt vollkommen geschehen wird: Leid lindern, Tränen trocknen, Barmherzigkeit und Gerechtigkeit üben. Und auch Paulus hat diesen Impuls in 1. Korinther 15,58 gegeben: *Darum, meine lieben Brüder, seid fest, unerschütterlich und nehmt immer zu in dem Werk des Herrn, weil ihr wisst, dass eure Arbeit nicht vergeblich ist in dem Herrn.* Derselbe Paulus betont im gleichen Brief die Vorbehalte gegenüber der vergehenden Welt, in der wir leben, weil wir auf das Kommen des Herrn zugehen.

Haben, als hätten wir nicht. Geht das? Kann man verheiratet sein – aber mit Vorbehalt? Sieht das nicht so aus, als nähme man seinen Ehepartner nicht ernst? Ich erinnere an das Ehepaar, das unseren Vers aus Hebräer 13,14 als Leitwort für ihre Ehe in die Trauringe hatte eingravieren lassen. Ganz abgesehen vom Kommen des Herrn und möglichen Verfolgungen vorher müssen alle Ehepaare mit der Tatsache leben, dass sie einander im Tod loslassen müssen. Die Ehe ist eine tiefe Personengemeinschaft. Wenn die Frau oder der Mann stirbt, ist das für den zurückbleibenden Partner ebenfalls wie ein Sterben. Schwer erträglich. Die Schwere dieses Schmerzes können wir nicht im Vorhinein einschätzen oder gar vorab bewältigen. Aber es kann nicht hilfreich sein, wenn wir so tun, als ob diese Situation nie eintreten könnte. Auch im Blick auf das gemeinsame Leben in der Ehe gilt: *Lehre uns bedenken, dass wir sterben müssen, damit wir klug werden* (Psalm 90,12). Was Paulus rät, unterscheidet sich von diesem Gebet nur darin, dass er den Blick auf das Kommen des Herrn und die Vollendung der Geschichte richtet anstatt auf den Tod.

Die Eheleute werden in ihrer Ehe durch ihre gemeinsame Liebe zu Jesus und die gemeinsame Erwartung seines Kommens gestärkt. In einer Ehe leben wir nicht weltflüchtig. Wir nehmen an Gottes Schöpferwirken teil, indem Kinder gezeugt und geboren werden. Die Versorgung der Familie und die Erziehung der Kinder, aber auch die Pflege der Kranken und Alten erfordern unsere ganze Aufmerksamkeit, Kraft und Hingabe. Wir beten deshalb, dass der Vater uns das tägliche Brot für heute gibt. Wir leben vertrauensvoll und ganz konzentriert im Heute. Wir können das, weil für die Zukunft gesorgt wird: Der Herr kommt. Wir müssen nicht heute die ganze Zukunft schultern. Jeder Tag hat sein eigenes Paket an Verantwortung und Arbeitslast. Die Kraft für morgen bekommen wir nicht auf Vorrat heute.

Aktion für und Vorbehalt gegen diese Welt sind nur scheinbar ein Gegensatz.

Der Vergleich mag zu platt sein, ich wage ihn trotzdem: Zum Autofahren gehört es gleichermaßen, Gas zu geben und zu bremsen. Die Situation entscheidet, was gerade dran ist. Trägen und weltflüchtigen Christen muss man sagen: »Gib Gas, tu das, was der neuen Welt Gottes entspricht. Tu es fleißig, treu und zuversichtlich!« Welt- und selbstverliebten, genusssüchtigen Christen muss man sagen: »Verlier dich nicht an das Vergängliche, verkauf deine Seele nicht an das Käufliche, damit du nicht dein Leben verlierst.«

So weinen wir an den Särgen geliebter Menschen und singen doch zugleich das Lob des Auferstandenen: ... *und die weinen, als weinten sie nicht.* So lachen wir und feiern Feste und verdrängen das Leid der Armen und Unterdrückten dennoch nicht: ... *und die sich freuen, als freuten sie sich nicht.* So kaufen wir, was wir zum Leben brauchen, sind dankbar und genießen, was Gott uns schenkt, und teilen in Verantwortung gleichzeitig mit denen, die Mangel haben: *...und die kaufen, als behielten sie es nicht.* So nutzen wir die technischen Errungenschaften, die Reisemöglichkeiten, die Kommunikationsmittel und glauben doch nicht, dass wir ohne sie nicht leben könnten: ... *und die diese Welt gebrauchen, als brauchten sie sie nicht. Denn das Wesen dieser Welt vergeht.*

Ich verstehe, dass diese Sätze des Paulus als ärgerlich empfunden werden können. Weltfremd sind sie nicht. Im Gegenteil. Die eigentlichen Tempel sind heute die großen und manchmal luxuriösen Einkaufszentren. Dorthin pilgern Massen von Menschen, die den Versprechen der Werbung glauben, dass sie Glück und Leben kaufen können. Sie genießen das Kauferlebnis. Dabei werden nicht nur materielle Bedürfnisse befriedigt, es soll der Hunger der Seele nach Glück und Sinn und Anerkennung gestillt werden. Die Einkaufstempel sollen an allen Sonntagen geöffnet sein, fordern die Priester des Verkaufens und treffen damit die Sehnsüchte der Gläubigen. Es strömen mehr Menschen in diese Tempel als in die Gottesdienste der christlichen Gemeinden.

Tief sitzt der Glaube, dass man Glück, Gesundheit und Anerkennung kaufen kann. Dabei könnte jedem nach ein wenig Nachdenken bewusst werden, dass wir alles wirklich Wichtige im Leben weder selbst machen noch kaufen können: Wir bekommen das Leben geschenkt. Wir werden geboren. Unser Leben gedeiht, weil wir geliebt werden. Unsere Seele atmet Vertrauen, das Menschen uns schenken. Gesundheit und Begabungen werden uns gegeben. Wir können diese Geschenke sorgfältig entwickeln oder aber missbrauchen und verkümmern lassen. Auch Zeit ist ein Geschenk. Wer sich dieser Geschenke bewusst ist, wird danken. Wer dankt, denkt darüber nach, wie er behutsam mit den Geschenken umgeht. Vor allem aber wächst aus der Dankbarkeit eine tiefe Freude.

Ähnlich ist es mit dem Gebrauch der Dinge: *... und die diese Welt gebrauchen, als brauchten sie sie nicht. Denn das Wesen dieser Welt vergeht.* Wenn die Gebrauchsgegenstände uns gebrauchen, dann liegt das nicht an den Gebrauchsgegenständen – an den Autos oder Smartphones, den Möbeln, Speisen und Getränken. Sie haben kein Herz und keinen Willen in sich. Unser Sehnen und Wünschen verleiht ihnen vielmehr die Macht über unsere Zeit, unseren Körper, unser Tun und Lassen. Geld wird vom Zahlungsmittel, das wir zweckmäßigerweise im Alltag gebrauchen, zum Gott, der unser Leben total beherrscht – ob wir es nun bereits haben oder verzweifelt haben möchten. Darum bezeichnet Jesus das Geld als den Gott Mammon und behauptet, dass wir nicht zugleich dem lebendigen Gott und dem Mammon dienen können.

Niemand kann zwei Herren dienen: Entweder er wird den einen hassen und den andern lieben, oder er wird an dem einen hängen und den andern verachten. Ihr könnt nicht Gott dienen und dem Mammon. (Matthäus 6,24)

Wir versuchen, Jesus zu widerlegen, aber es gelingt uns nicht. Jesus hat recht.

Wir gebrauchen die Welt und ihre Angebote dann richtig, wenn wir auf den kommenden Herrn und die zukünftige Welt ausgerichtet sind und uns nicht an die Dinge heute verlieren.

Wer keine Zukunft hat, lebt nach dem Motto »Carpe Diem«. Ein Gedicht des römischen Dichters Horaz (65–8 v.Chr.) endet mit der Zeile »Carpe diem, quam minimum credula postero.« Übersetzt: »Genieße [pflücke, nutze] den Tag, und vertraue möglichst wenig auf den folgenden!« Weil es keine Hoffnung gibt, muss man das Heute genießen und nutzen.

Das ist eine andere Haltung als die, zu der Jesus auffordert. Jesus sagt, dass wir uns nicht von den Sorgen und der Angst um die Zukunft verzehren lassen sollen, sondern dass wir im Vertrauen darauf, dass der Vater im Himmel für die Zukunft sorgt, den heutigen Tag leben dürfen. Wir schauen nach vorne und beten: »Dein Reich komme!« Wir leben im Heute mit der Bitte: »Unser tägliches Brot gib uns heute!«

Vom Abschiednehmen

An jedem Sonntagnachmittag und -abend kann man auf den Bahnhöfen bewegende Abschiedsszenen beobachten. Der Zug fährt in den Bahnhof ein. Verliebte nehmen mit heftigen Küssen voneinander Abschied, weil der Partner an einem anderen Ort lebt und arbeitet. Abschiede tun weh. Das ist natürlich ganz anders, wenn man zu einem heiß ersehnten Urlaubsziel aufbricht. Auch dann muss man sich manchmal von geliebten Menschen trennen. Aber die Freude auf die schöne Reise ist stärker als der Abschiedsschmerz.

In dem Lied von Johann Matthäus Meyfart »Jerusalem, du hochgebaute Stadt, wollt Gott, ich wär in dir« drückt sich eine starke Sehnsucht nach Gottes zukünftiger Herrlichkeit aus. Ihm scheint der Gedanke an den Abschied nicht schwergefallen zu sein, auch wenn wir nur wenig über sein Leben wissen. Es mag sein, dass schweres Leiden einem Menschen den Abschied vom irdischen Leben leichter, ja sogar erstrebenswert macht. Doch normalerweise lieben wir unser Leben in dieser Welt – selbst wenn wir so manche Last mit uns herumschleppen.

Dafür gibt es verschiedene Gründe. Einer besteht darin, dass uns alles Sichtbare fasziniert und wir uns das Unsichtbare nicht wirklich vorstellen können. Wir leben in einer Welt von Raum und Zeit. Unsere Sinne können nur wahrnehmen, was in dieser begrenzten, vergänglichen Wirklichkeit existiert. Gott, der Schöpfer, ist nicht Teil seiner Schöpfung. Er ist auch nicht in die Vergänglichkeit eingesperrt, darum auch nicht sichtbar. Denn alles, was sichtbar ist, vergeht. Sichtbarkeit ist der Zustand in der Todeszelle Welt.

Wir werden in der Bibel immer wieder auf unsere Vergänglichkeit hingewiesen, damit wir uns und unsere Wahrnehmungsfähigkeit nicht überschätzen. Trotzdem neigen wir dazu und denken: Was ich nicht sehen oder hören, nicht messen oder selbst im Labor wiederholen kann, das gibt es nicht.

Unter den 150 Psalmen in der Bibel gibt es zwei, die uns sehr eindrücklich mahnen, unsere Vergänglichkeit zu bedenken. Da ist zunächst Psalm 39,5-14:

> *HERR, lehre mich doch,*
> *dass es ein Ende mit mir haben muss*
> *und mein Leben ein Ziel hat und ich davon muss.*
> *Siehe, meine Tage sind eine Handbreit bei dir,*
> *und mein Leben ist wie nichts vor dir.*
> *Wie gar nichts sind alle Menschen,*
> *die doch so sicher leben!*
> *Sie gehen daher wie ein Schatten und machen sich viel vergebliche Unruhe;*
> *sie sammeln und wissen nicht, wer es einbringen wird.*
> *Nun, Herr, wessen soll ich mich trösten?*
> *Ich hoffe auf dich.*
> *Errette mich aus aller meiner Sünde und lass mich nicht den Narren zum Spott werden.*
> *Ich will schweigen und meinen Mund nicht auftun;*
> *denn du hast es getan.*
> *Wende deine Plage von mir; ich vergehe,*
> *weil deine Hand nach mir greift.*
> *Wenn du den Menschen züchtigst um der Sünde willen,*
> *so verzehrst du seine Schönheit wie Motten ein Kleid.*
> *Wie gar nichts sind doch alle Menschen.*
> *Höre mein Gebet, HERR, und vernimm mein Schreien,*

schweige nicht zu meinen Tränen;
denn ich bin ein Gast bei dir, ein Fremdling
wie alle meine Väter.
Lass ab von mir, dass ich mich erquicke,
ehe ich dahinfahre und nicht mehr bin.

Der Beter geht nicht davon aus, dass er die Tatsache, dass er einmal sterben muss, schon wirklich erfasst hat. Er folgert daraus, dass er deshalb auch nicht richtig weiß, wie man lebt. Daher braucht er einen Lehrer, der ihn die Lebenskunst lehrt. Wer anders sollte das sein als der Schöpfer des Lebens? Und so kleidet er sein Anliegen in ein Gebet: *HERR, lehre mich doch, dass es ein Ende mit mir haben muss und mein Leben ein Ziel hat und ich davon muss.*

Genauso macht es der Beter von Psalm 90:

Herr, du bist unsre Zuflucht für und für.
Ehe denn die Berge wurden und die Erde und die Welt
geschaffen wurden,
bist du, Gott, von Ewigkeit zu Ewigkeit.
Der du die Menschen lässest sterben
und sprichst: Kommt wieder, Menschenkinder!
Denn tausend Jahre sind vor dir wie der Tag,
der gestern vergangen ist,
und wie eine Nachtwache.
Du lässest sie dahinfahren wie einen Strom,
sie sind wie ein Schlaf, wie ein Gras,
das am Morgen noch sprosst,
das am Morgen blüht und sprosst und des Abends welkt
und verdorrt.
Das macht dein Zorn, dass wir so vergehen,
und dein Grimm, dass wir so plötzlich dahinmüssen.

Denn unsre Missetaten stellst du vor dich,
unsre unerkannte Sünde ins Licht vor deinem Angesicht.
Darum fahren alle unsre Tage dahin durch deinen Zorn,
wir bringen unsre Jahre zu wie ein Geschwätz.
Unser Leben währet siebzig Jahre,
und wenn's hoch kommt, so sind's achtzig Jahre,
und was daran köstlich scheint,
ist doch nur vergebliche Mühe;
denn es fähret schnell dahin, als flögen wir davon.
Wer glaubt's aber, dass du so sehr zürnest,
und wer fürchtet sich vor dir in deinem Grimm?
Lehre uns bedenken, dass wir sterben müssen,
auf dass wir klug werden.
HERR, kehre dich doch endlich wieder zu uns
und sei deinen Knechten gnädig!
Fülle uns frühe mit deiner Gnade,
so wollen wir rühmen und fröhlich sein unser Leben lang.
Erfreue uns nun wieder, nachdem du uns so lange plagest,
nachdem wir so lange Unglück leiden.
Zeige deinen Knechten deine Werke
und deine Herrlichkeit ihren Kindern.
Und der Herr, unser Gott, sei uns freundlich
und fördere das Werk unsrer Hände bei uns.
Ja, das Werk unsrer Hände wollest du fördern!

Es ist sehr wichtig zu verstehen, dass in diesen beiden Psalmen nicht einfach Weisheiten über Leben und Sterben bedacht und ausgesprochen werden. Alle Fragen, Nöte, Schmerzen, Sehnsüchte, bittere und tröstliche Erkenntnisse sind Teil des Gespräches mit Gott. Bei ihm sucht der Beter Zuflucht in seiner Rat- und Hilflosigkeit angesichts des Todes. Er spricht aus, was Menschen üblicherweise verdrängen, weil sie sich Problemen nicht stellen wollen, die sie doch nicht lösen können. Der Beter aber trägt alles in Gottes Gegenwart. In ihrem Schutz kann er auch die brutalen Wahrheiten aushalten:

Wie gar nichts sind alle Menschen, die doch so sicher leben! Sie gehen daher wie ein Schatten und machen sich viel vergebliche Unruhe; sie sammeln und wissen nicht, wer es einbringen wird. Nun, Herr, wessen soll ich mich trösten? Ich hoffe auf dich. (Psalm 39,6-8)

Denn unsre Missetaten stellst du vor dich, unsre unerkannte Sünde ins Licht vor deinem Angesicht. Darum fahren alle unsre Tage dahin durch deinen Zorn, wir bringen unsre Jahre zu wie ein Geschwätz. (Psalm 90,8-9)

Ich bin überzeugt, dass unsere Lebenseinstellungen – auch die der Christen in der heutigen Zeit – erheblich realistischer und zuversichtlicher werden würden, wenn wir regelmäßig diese beiden Psalmen beten würden. Wir sprechen damit Worte vor Gott aus, die wir selbst nicht zu formulieren wagen. Diese Gebete verändern unser Denken und Leben schon dadurch, dass wir sie beten. Erst recht werden wir in unserer Lebenshaltung dadurch verändert, dass Gott unser Beten hört und darauf antwortet.

Mich hat besonders die Bitte um Klugheit bewegt (vgl. Psalm 90,12). Nicht durch das Lesen und Studieren von Büchern werden wir klug, sondern dadurch, dass wir das Ende und Ziel unseres Lebens bedenken. Unter betriebswirtschaftlichen Gesichtspunkten ist das ja leicht zu verstehen. Jedes Unternehmen braucht ein klares Ziel, wenn es erfolgreich sein will. Von dem klar bestimmten Ziel her können Prioritäten gesetzt werden. Klugheit bedeutet, dass wir Wichtiges und

Unwichtiges voneinander unterscheiden können. Dummheit ist es, wenn wir kostbare Zeit und Kraft für Belanglosigkeiten verschwenden.

Es ist zum Beispiel dumm, sich darüber aufzuregen, wie andere Leute über mich reden. Wenn es ans Sterben geht, ist das völlig belanglos. Auch der Kontostand ist dann relativ bedeutungslos. Meine Prioritäten werden sich verändern, wenn ich das, womit ich meine Zeit zubringe, worüber ich mir Sorgen mache oder mich ärgere, in Hinblick auf die Endlichkeit meines Daseins betrachte.

Manche Menschen reagieren überrascht, wenn sie im Alter von Krankheiten befallen werden, die zum Tode führen. Es muss an der tiefenpsychologischen Beobachtung etwas dran sein, dass der Mensch aus dem Sterben anderer Menschen in seiner Umgebung nicht die Schlussfolgerung zieht, dass er selbst auch sterben wird. Im Gegenteil: Er schließt messerscharf, dass es bisher immer andere getroffen hat, er selbst folglich unsterblich sei. Natürlich wird das niemand so aussprechen oder auch bewusst denken. Aber man lebt so, als gäbe es den eigenen Tod nicht, und ist überrascht, wenn er plötzlich vor der Tür steht.

Wenn wir den Tod ein ganzes Leben lang ausblenden, können wir nicht von jetzt auf gleich mit seiner Realität fertig werden, wenn er naht. Auch Abschiednehmen muss gelernt werden. Als Autodidakten lernen wir diese Lektion nur schwer. Wir brauchen einen guten Lehrer. Doch der beste steht uns zur Verfügung: Es ist der auferstandene Herr Jesus Christus. Er hat den Tod besiegt. Er kennt sich aus. Der Tod kann uns von ihm nicht trennen, wenn wir ihm vertrauen.

In einer ProChrist-Woche 2012 in der Stadt Bielefeld lautete das Thema des letzten Abends »Der Tod hat nicht das letzte Wort«. Zur Einführung in dieses Thema hatten wir den Leiter des Kasseler Museums für Sepulchralkultur eingeladen. In diesem Museum mit dem fast unaussprechlichen Namen wird dargestellt, wie Menschen zu verschiedenen Zeiten und in verschiedenen Kulturen mit Sterben und Tod umgehen. Auf der Bühne der Halle stand mitten zwischen den Musikern ein Sarg aus dem 18. Jahrhundert, in dem ursprünglich der adlige Herr von Stockhausen beigesetzt worden war. Der Museumsdirektor Professor Sörries erläuterte die farbigen Bilder und Schriften auf dem Sarg. Da sah man eine Sanduhr, eine Kerze und einen Totenkopf mit gekreuzten Knochen darunter als Symbole der Vergänglichkeit. Darüber waren kunstvoll Bibelworte geschrieben, u.a. ein Wort aus Psalm 31,6: *In deine Hände befehle ich meinen Geist; du hast mich erlöst, HERR, du treuer Gott*. Oben auf dem Sarg stand der Lebenslauf des Verstorbenen. An der Seite lasen wir »Memento mori« – Denke daran, dass du sterben musst.

Vor der Veranstaltung wurde unter den Verantwortlichen diskutiert, ob man den Menschen den Anblick des Sarges den Abend über zumuten könne. Doch wir entschieden, dass die Zumutung nötig war, zumal wir eine Botschaft hatten, die über den Sarg hinausging. Herr von Stockhausen hatte offensichtlich auch dafür gesorgt, dass der Anblick seines Sarges den Menschen auf seiner Beerdigung sowohl den Ernst des Todes als auch die Hoffnung der Todesüberwindung durch Jesus vermittelte.

Außer dem geradezu malerischen Sarg aus dem 18. Jahrhundert hatte der Museumsdirektor noch einen Weltraumsarg in Lippenstiftgröße mitgebracht. Darin kann etwas Asche von Verstorbenen per Rakete auf einen Weltraumflug mitgeschickt und im Orbit ausgesetzt werden. Für 15 000 Euro ist das möglich, erfuhren wir. So versuchen sich Menschen damit zu trösten, dass sie nach dem Tode eins mit dem Universum werden. Es gibt absurdere Versuche, mit der Endlichkeit des Lebens fertig zu werden. Auf einer Luxus-Messe in Verona wurde ein goldener Sarg mit kostbaren Polstern für 280 000 Euro angeboten – inklusive Mobiltelefon!

Zu Beginn der erwähnten ProChrist-Woche in Bielefeld sah ich abends im Fernsehen rein zufällig Ausschnitte aus einer Sendung zu der Frage »Kann man Glück lernen?« Das Thema ist populär, seitdem ein Lehrer in Süddeutschland in seiner Schule das Fach »Glück« eingeführt hat. Was mich einigermaßen überraschte, war der Berichtsteil über ein Seminar zum Thema »Glücklicher werden«. Die Teilnehmer gingen mit dem Seminarleiter zu einem Bestattungsinstitut. Dort hatten sie die Möglichkeit, sich in einen Sarg zu legen und zu erzählen, was sie dabei empfanden. Ein Mann wollte nicht in den Sarg. Eine Frau setzte sich hinein und berichtet dann unter Tränen, dass es ihr schwerfiele, sich hinzulegen. Man kann darüber streiten, ob solche Filme geschmackvoll sind. Gefühle werden rücksichtslos und gnadenlos ausgebeutet. Es sagt aber auch einiges aus, dass selbst in säkularen Glücksseminaren die Einsicht vorhanden ist, dass wir das Leben nicht zufrieden leben können, wenn wir uns nicht mit dem Tod auseinandersetzen.

In den beiden alttestamentlichen Psalmen 39 und 90 beobachten wir, dass die vertrauensvolle Geborgenheit bei dem Gott Israels die Beter ermutigt, die schwierige Lektion anzugehen: »Lehre mich bedenken, dass ich sterben muss.« Wie viel größer kann unser Vertrauen und unsere Zuversicht zu Jesus Christus sein, in dem Gott als der fürsorgliche Vater zu uns gekommen ist!

Der alte Ausdruck »Jünger« bedeutet im griechischen Urtext des Neuen Testamentes »Schüler«. Wenn wir Jesus nachfolgen, gehen wir bei ihm in die Lebensschule. Es ist nicht so, dass wir gleich in die Abiturklasse oder ins Doktorandenstudium einsteigen, wenn wir uns zu Jesus bekehren und ihm beginnen zu vertrauen. Wir lernen Schritt für Schritt, Lektion für Lektion. Ich gebe zu, in Sachen Sterben lerne ich nur sehr langsam. Aber ich habe vor einigen Jahren angefangen, regelmäßig zu beten: »Lehre mich bedenken, dass ich sterben muss, damit ich klug werde.« Und ich bete dieses Gebet immer noch, weil ich nicht den Eindruck habe, dass ich es schon kapiert habe. Aber ich möchte nicht als Vollidiot sterben.

Abschied zu nehmen ist nicht leicht. Immerhin lohnt es sich, einige nötige Vorbereitungen zu treffen. Wenn man aus dem Haus geht, überlegt man ja auch: Habe ich den Ofen ausgemacht, das Licht ausgeschaltet? Sind Fenster und Türen zu? Was ist sonst noch nötig? Nun, vor dem Sterben geht es um Wichtigeres. Habe ich mich mit den Menschen versöhnt? Mit wem muss ich noch etwas in Ordnung bringen? Wem habe ich zu danken?

Diesen Fragen sollte man sich nicht erst stellen, wenn man ein gewisses Alter erreicht hat. Denn wir haben nicht in der Hand, wann der Abschied kommt. Ein Lied und Gebet von Ämilie Juliane Gräfin von Schwarzburg-Rudolstadt kann uns helfen, bereit zu sein. Sie wurde 1637 im Dreißigjährigen Krieg als Flüchtlingskind geboren. Ihre Eltern starben, als sie vier bzw. fünf Jahre alt war. Daraufhin wurde sie von ihrer Tante adoptiert und wuchs in Rudolstadt in Thüringen auf. Sie hat etwa 600 Lieder gedichtet, die voller Liebe zu Jesus, ihrem Herrn und Retter, waren. Sie starb am 3.12.1706.

Das hier wiedergegebene Lied steht im Evangelischen Gesangbuch (Nr. 530). Nachstehend sind alle Strophen des Liedes wiedergegeben, mehr als im Evangelischen Gesangbuch zu finden sind. Man stoße sich nicht an der alten Sprache. Manche der Aussagen mögen die Leute von heute nicht. Zum Beispiel die Bitte: »Mach mir stets zuckersüß den Himmel und gallenbitter diese Welt.« Leider ist für viele diese Welt sowieso gallenbitter, nur dass ihnen der Himmel nicht zuckersüß erscheint. Lassen wir also diese Zeilen drin. Wichtig ist mir vor allem das immer wiederkehrende Gebet »Mein Gott, ich bitt' durch Christi Blut: Mach's nur mit meinem Ende gut!«

> Wer weiß, wie nahe mir mein Ende!
> Hin geht die Zeit, her kommt der Tod.
> Ach, wie geschwinde und behende
> kann kommen meine Todesnot!
> Mein Gott, ich bitt' durch Christi Blut:
> Mach's nur mit meinem Ende gut!

> Es kann vor Nacht leicht anders werden,
> als es am frühen Morgen war;
> denn weil ich leb' auf dieser Erden,
> leb' ich in steter Todesgefahr.
> Mein Gott, ich bitt' durch Christi Blut:
> Mach's nur mit meinem Ende gut!

> Herr, lehr mich stets mein End' bedenken
> und, wenn ich einstens sterben muss,

die Seel' in Jesu Wunden senken
und ja nicht sparen meine Buß'!
Mein Gott, ich bitt' durch Christi Blut:
Mach's nur mit meinem Ende gut!

Lass mich beizeit mein Haus bestellen,
dass ich bereit sei für und für
und sage frisch in allen Fällen:
Herr, wie du willst, so schick's mit mir!
Mein Gott, ich bitt' durch Christi Blut:
Mach's nur mit meinem Ende gut!

Mach mir stets zuckersüß den Himmel
und gallenbitter diese Welt:
Gib, dass mir in dem Weltgetümmel
die Ewigkeit sei vorgestellt!
Mein Gott, ich bitt' durch Christi Blut:
Mach's nur mit meinem Ende gut!

Ach Vater, deck all meine Sünde
mit dem Verdienste Christi zu,
darein ich mich fest gläubig winde;
das gibt mir recht erwünschte Ruh'.
Mein Gott, ich bitt' durch Christi Blut:
Mach's nur mit meinem Ende gut!

Ich weiß, in Jesu Blut und Wunden
hab ich mir recht und wohl gebett;
da find ich Trost in Todesstunden,
und alles, was ich gerne hätt.
Mein Gott, ich bitt' durch Christi Blut:
Mach's nur mit meinem Ende gut!

Nichts ist, was mich von Jesu scheide,
nichts, es sei Leben oder Tod.
Ich leg' die Hand in seine Seite
und sage: Mein Herr und mein Gott!
Mein Gott, ich bitt' durch Christi Blut:
Mach's nur mit meinem Ende gut!

Ich habe Jesum angezogen
schon längst in meiner heil'gen Tauf';
du bist mir auch daher gewogen,
hast mich zum Kind genommen auf.
Mein Gott, ich bitt' durch Christi Blut:
Mach's nur mit meinem Ende gut!

Ich habe Jesu Leib gegessen,
ich hab' sein Blut getrunken hier;
nun kann er meiner nicht vergessen,
ich bleib' in ihm und er in mir.
Mein Gott, ich bitt' durch Christi Blut:
Mach's nur mit meinem Ende gut!

So komm' mein End' heut' oder morgen,
ich weiß, dass mir's mit Jesu glückt;
ich bin und bleib' in seinen Sorgen,
mit Jesu Blut schön ausgeschmückt.
Mein Gott, ich bitt' durch Christi Blut:
Mach's nur mit meinem Ende gut!

Ich leb' indes in Gott vergnüget
und sterb' ohn alle Kümmernis;
mir g'nüget, wie es mein Gott füget,
ich glaub' und bin es ganz gewiß:
Durch deine Gnad' und Christi Blut:
Machst du's mit meinem Ende gut!

Gott hat uns nicht vergessen!

Mir ist aufgefallen, dass in einem der schönsten Loblieder der Bibel die Vergänglichkeit von uns Menschen drastisch beschrieben wird. Dadurch entsteht jedoch keine Verzweiflung und Hoffnungslosigkeit, sondern der Blick auf die wunderbare Güte Gottes wird geschärft und infolgedessen werden die Dankbarkeit und die Lebensfreude gestärkt. Es geht um Psalm 103:

Lobe den HERRN, meine Seele,
und was in mir ist, seinen heiligen Namen!
Lobe den HERRN, meine Seele,
und vergiss nicht, was er dir Gutes getan hat:
der dir alle deine Sünde vergibt
und heilet alle deine Gebrechen,
der dein Leben vom Verderben erlöst,
der dich krönet mit Gnade und Barmherzigkeit,
der deinen Mund fröhlich macht
und du wieder jung wirst wie ein Adler.
Der HERR schafft Gerechtigkeit und Recht
allen, die Unrecht leiden.
Er hat seine Wege Mose wissen lassen,
die Kinder Israel sein Tun.
Barmherzig und gnädig ist der HERR,
geduldig und von großer Güte.
Er wird nicht für immer hadern noch ewig zornig bleiben.
Er handelt nicht mit uns nach unsern Sünden
und vergilt uns nicht nach unsrer Missetat.
Denn so hoch der Himmel über der Erde ist,
lässt er seine Gnade walten über denen, die ihn fürchten.
So fern der Morgen ist vom Abend,
lässt er unsre Übertretungen von uns sein.

Wie sich ein Vater über Kinder erbarmt,
so erbarmt sich der HERR über die, die ihn fürchten.
Denn er weiß, was für ein Gebilde wir sind;
er gedenkt daran, dass wir Staub sind.
Ein Mensch ist in seinem Leben wie Gras,
er blüht wie eine Blume auf dem Felde;
wenn der Wind darüber geht, so ist sie nimmer da,
und ihre Stätte kennet sie nicht mehr.
Die Gnade aber des HERRN
währt von Ewigkeit zu Ewigkeit
über denen, die ihn fürchten,
und seine Gerechtigkeit auf Kindeskind
bei denen, die seinen Bund halten
und gedenken an seine Gebote, dass sie danach tun.
Der HERR hat seinen Thron im Himmel errichtet,
und sein Reich herrscht über alles.
Lobet den HERRN, ihr seine Engel,
ihr starken Helden, die ihr seinen Befehl ausrichtet,
dass man höre auf die Stimme seines Wortes!
Lobet den HERRN, alle seine Heerscharen,
seine Diener, die ihr seinen Willen tut!
Lobet den HERRN, alle seine Werke,
an allen Orten seiner Herrschaft!
Lobe den HERRN, meine Seele!

Eingebettet in jubelnden Dank für Gottes Barmherzigkeit und Gnade erscheinen die herben Aussagen über uns, die vergänglichen Menschen:

Denn er weiß, was für ein Gebilde wir sind; er gedenkt daran, dass wir Staub sind. Ein Mensch ist in seinem Leben wie Gras, er blüht wie eine Blume auf dem Felde; wenn der Wind darüber geht, so ist sie nimmer da, und ihre Stätte kennet sie nicht mehr.«

Gegenüber dem letzten Satz – *und ihre Stätte kennet sie nicht mehr* – erscheint der geradezu verzweifelte Kampf der Menschen gegen das Vergessen und Vergessenwerden albern und vergeblich. Auf Todesanzeigen wird ehrendes Andenken versprochen. Die Taten der Verstorbenen werden als unvergesslich gepriesen. Die Absichten sind oft sicher ehrlich. Aber unser Gedächtnis ist schwach.

Auf SPIEGEL ONLINE schrieb die aus Weimar stammende und jetzt in Zürich lebende Schriftstellerin Sibylle Berg über die »Anatomie des Wutmenschen« unter dem Titel »Wir brauchen den Hass«[11] eine Kolumne, in der ich folgende sarkastischen Sätze las: »Das Elend der Menschen ist, dass sie Tiere mit einer Meinung sind.« Und auf dem Grabstein des Wutmenschen stehe: »Ein Mensch war wütend und nun ist er von uns gegangen. Wie sie alle immer gehen und keine Spuren hinterlassen. Außer einem Prozent hinterlässt doch keiner irgendetwas von Bedeutung, außer Dreck bleibt vom Menschen nichts … Damit muss man doch bitte mal zurechtkommen. … Und darum wollen wir so wenig wissen wie möglich, um uns erregen zu können.«

Ja, wie soll man das verkraften, wenn man an seine eigene Bedeutung, Tüchtigkeit und Unersetzlichkeit glaubt und unaufhörlich die Ohren spitzt, um den rauschenden Applaus für die eigene Performance zu erhaschen? Eigenlob stinkt – nach Verwesung. Die Bedeutung unseres Lebens blüht im Lob Gottes auf. Das lehrt uns Psalm 103.

---

11 Sibylle Berg, SPIEGEL ONLINE, gefunden am 25. 2. 2012.

Lobe den HERRN, meine Seele, und vergiss nicht, was er dir Gutes getan hat: der dir alle deine Sünde vergibt und heilet alle deine Gebrechen, der dein Leben vom Verderben erlöst, der dich krönet mit Gnade und Barmherzigkeit.

Im Lob erkennen wir Gott als das Zentrum und die Quelle des Lebens an. Seine Gnade macht uns nicht klein, wie Almosen es tun, die gönnerhaft von oben herab gegeben werden. Seine Gnade richtet uns vielmehr auf und hebt uns hoch zu unverlierbarer Würde, weil Gott sie durch Jesus von unten gibt – aus Leiden und Sterben, Schmerzen, Blut und Erniedrigung. Darum geschieht durch Begnadigung unsere Krönung zu Königskindern. Und die Quelle von Gnade und Barmherzigkeit versiegt niemals. Durch die gnädigen Gaben Gottes wird unsere Nichtigkeit zur Wichtigkeit, die im andauernden Lob Gottes seinen Widerhall findet – jetzt und hier auf der Erde und dann und dort in Gottes ewiger Herrlichkeit.

Das Lob Gottes wird mit der Aufforderung gestärkt: *Vergiss nicht, was er dir Gutes getan hat!* Gottvergessenheit ist eine tödliche Krankheit. An ihr leiden heute Millionen Menschen. Sie haben nichts gegen Gott. Wie sollten sie auch? Sie haben ihn einfach vergessen. Und sie haben sogar vergessen, dass sie ihn vergessen haben. Wie sollte man etwas gegen jemanden haben, den man vergessen hat? Und weil der Psalmbeter weiß, dass diese Gottvergessenheit auch ihn bedroht, ermahnt er seine eigene Seele: *Lobe den Herrn, meine Seele, und vergiss nicht, was er dir Gutes getan hat.*

Viele haben den erschütternden Film über den demenzkranken früheren Fußballprofi und Fußballmanager vom FC Schalke 04, Rudi Assauer, gesehen. Er lief unter dem Titel »Ich will mich nicht vergessen« im ZDF. Als »Macher und Macho« wird er in dem Film bezeichnet, als »leidenschaftlich großspurig«. Am Anfang des Films die Frage: »Was passiert, wenn die Aura bröckelt?« Von »apokalyptischen Prognosen« las ich an dem Tag, als der Film ausgestrahlt wurde, in der Frankfurter Allgemeinen[12], eine »demographische und medizinische Katastrophe« komme da auf uns zu. »Bald werden in jeder Familie womöglich mehr Demenzkranke als Kinder leben.« Dagegen gebe es kein Mittel. Es bleibe nur der verzweifelt vergebliche Widerstand: »Ich will mich nicht vergessen.«

Ungefähr zu gleicher Zeit lief die Diskussion darüber, dass Facebook die Timeline, die Lebenschronik für jeden Nutzer eingerichtet hat. Nichts wird vergessen. Alles, was man je auf Facebook geschrieben, gesagt, gezeigt hat, wird irgendwo gespeichert. Auch wenn man es bereut. Nichts ist mehr zu löschen. Man verliert die Kontrolle über seine Vergangenheit. Es müsse doch ein Recht auf Vergessen geben!, forderten viele. Doch gibt es ein Recht auf Vergessen?

»Was denn nun?«, frage ich mich. Wollen wir vergessen oder nicht? Na ja, kommt drauf an. Das Schöne und Erfreuliche, das Lebenswichtige und Hilfreiche möchten wir nicht vergessen. Wir kommen sonst im Leben nicht mehr zurecht. Das Böse und Unangenehme, das Peinliche und Belastende möchten wir hingegen aus dem Gedächtnis streichen. Wir möchten es am liebsten ungeschehen machen. Doch das geht leider nicht. Nicht nur, weil Facebook alles irgendwo gespeichert hat. Es war da und bestimmt unser Leben auch jetzt, ob wir wollen oder nicht.

---

[12] Frankfurter Allgemeine Zeitung, Feuilleton vom 7.2.2012.

Mich hat diese Gleichzeitigkeit von Assauers »Ich will mich nicht vergessen« und die Anti-Facebook-Forderung nach einem Recht auf Vergessen sehr nachdenklich gemacht. Ich bin übrigens genau in dieser Zeit auf Facebook Mitglied geworden, als viele ausstiegen. Herzlich willkommen bei www.facebook.com/Ulrich-Parzany! War es Trotz? Nicht wirklich. Ich habe mir nur klar gemacht: Nichts ist in meinem Leben vergessen. Das heißt, ich habe zwar manches vergessen. Andere haben viel von mir vergessen und vieles gar nicht wahrgenommen. Aber mir ist bewusst, dass mein Leben bei Gott voll und gut aufgehoben ist. Er hat mich nicht vergessen. Gerne bete ich deshalb Psalm 139:

Herr, du erforschest mich und kennest mich. Ich sitze oder stehe auf, so weißt du es; du verstehst meine Gedanken von ferne ... Deine Augen sahen mich, als ich noch nicht bereitet war, und alle Tage waren in dein Buch geschrieben, die noch werden sollten ...

Das größte Wunder aber ist, dass Gott aus seinem Gedächtnis löscht, was ich vermasselt habe, wo ich schuldig geworden bin und Leben zerstört habe. Jesus nimmt auf sich und mit sich in seinen Tod, was mich kaputt macht. Vergebung der Sünden nennt das die Bibel. ... *der dir alle deine Sünden vergibt und ... dich krönet mit Gnade und Barmherzigkeit!*

Ich halte mich an das starke Wort Gottes, das ich in der Bibel lese:

Mir hast du Arbeit gemacht mit deinen Sünden und hast mir Mühe gemacht mit deinen Missetaten. Ich, ich tilge deine Übertretungen um meinetwillen und gedenke deiner Sünden nicht. (Jesaja 43,24-25)

Von dieser Wohltat lebe ich. Und ich vertraue darauf, dass Gott mich nicht vergisst, auch wenn ich mich und vieles vergessen sollte. Das ist mein Trost im Leben und im Sterben.

Was aber tun wir gegen die massenhafte Infektion mit Gottvergessenheit in unserer Gesellschaft? In einer westdeutschen Großstadt haben sich 26 christliche Gemeinden zu einer gemeinsamen Aktion zusammengeschlossen. Das Thema hieß »Gott hat uns nicht vergessen!«. Viele Monate lang beteten Christen in Gruppen für die Menschen in ihrer Region. Sie suchten bei einem mehrtägigen Open-Air-Grillfest auf einem Platz in der Innenstadt das Gespräch mit Passanten. Sie ließen als Beilage der Tageszeitungen in der Region 460 000 Exemplare eines Magazins mit dem Titel »Gott hat uns nicht vergessen!« in die Haushalte bringen. Außerdem luden sie zu acht ProChrist-Abenden in eine große Sporthalle ein, zu denen tatsächlich jeweils 2000 bis 3500 Leute kamen. Die Menschen, ihre Anschauungen und Überzeugungen waren sehr verschieden. Der Anknüpfungspunkt für alle lag jedoch in der verheißungsvollen Tatsache »Gott hat uns nicht vergessen!«.

Wozu sollten Jesus-Nachfolger in der Welt sein, wenn nicht dazu, die Menschen daran zu erinnern: »Gott hat dich nicht vergessen, auch wenn du ihn vergessen hast«? Wenn wir begreifen, dass wir für den Schöpfer unvergesslich sind, bringt das die totale Kehrtwende in unser Leben. Wir erholen uns von der tiefen Kränkung, dass wir im Grunde nur Dreck sind und etwas Dreck hinterlassen.

Der rote Faden der Zukunft

Wenn wir umkehren, Jesus vertrauen und uns mit ihm verbinden, erleben wir schon jetzt die Auferstehungsqualität seines Lebens. Das hat Jesus zugesagt:

Wahrlich, wahrlich, ich sage euch: Wer mein Wort hört und glaubt dem, der mich gesandt hat, der hat das ewige Leben und kommt nicht in das Gericht, sondern er ist vom Tod zum Leben hindurchgedrungen. (Johannes 5,24)

Das Leben in der Gemeinschaft mit Jesus hat Gottes Ewigkeitsqualität. Es ist schon jetzt voller Schöpferkraft und Dynamik. Und der Tod kann uns nicht mehr von dem auferstandenen Jesus Christus trennen. Darum bleibt dieses Leben über die Todesgrenze hinaus bestehen und entfaltet nach dem Tod die ganze Herrlichkeit Gottes.

Heute aber werden wir noch durch die Vergänglichkeit aller Dinge beeinträchtigt, verwirrt und geschwächt. Vergänglichkeit heißt ja dauernde Veränderung. Nichts bleibt, wie es ist. Morgen ist alles anders als gestern. Wie soll man sich da orientieren? Wenn doch die Zukunft ganz anders ist als die Vergangenheit, dann helfen uns die Rezepte der Vergangenheit nicht, das Leben in Zukunft zu bewältigen. Die Voraussagen der Zukunft aufgrund der Erfahrungen der Vergangenheit haben sich meistens als falsch erwiesen. Man kann das an den falschen Prognosen für das 20. Jahrhundert sehen, die wir im Rückblick genau überprüfen können. Keines der entscheidenden Ereignisse wurde vorhergesagt, keiner der beiden Weltkriege, weder Aufstieg noch Fall der nationalsozialistischen und kommunistischen Diktaturen, nicht der Aufbruch des Islam, nicht die Erfindung des Internets. Es kommt eben anders, als man denkt.

In dieses Wirrwarr der Vergänglichkeit hinein spricht Jesus:

Himmel und Erde werden vergehen; aber meine Worte werden nicht vergehen. (Matthäus 24,35)

In Jesus spricht der Schöpfer, der das erste Wort der Weltgeschichte gesprochen hat. Jesus ist auferstanden und wird deshalb auch das letzte Wort der Weltgeschichte sprechen, ob wir das glauben oder nicht. Darum ist es zukunftsträchtig, auch heute auf das Wort des Jesus Christus zu hören. Es ist uns Schwarz auf Weiß in der Bibel gegeben. Wir können es an jedem Tag lesen, hören und in unserem Alltag wirken lassen. So halten wir uns an den roten Faden des ewigen Lebens im Labyrinth der vergänglichen Welt, bis Jesus kommt und wir unsere zukünftige Stadt gefunden haben. Maranatha – unser Herr kommt![13]

---
13 Vgl. 1. Korinther 16,22.

Weitere Bücher von Ulrich Parzany

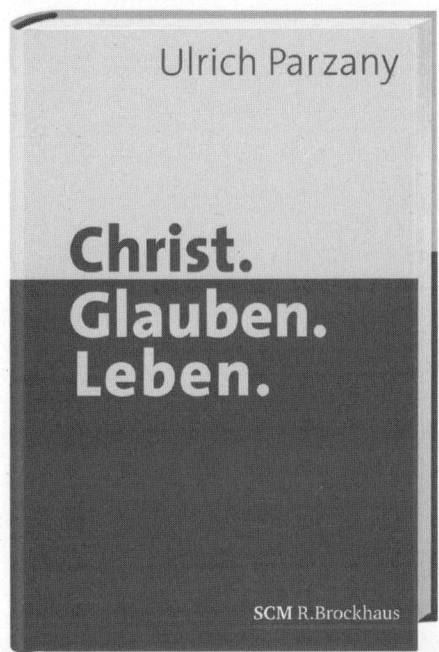

Ulrich Parzany
Christ. Glauben. Leben.

Schritt für Schritt geht Pfarrer Ulrich Parzany die Grundlagen des christlichen Glaubens durch – von der Bekehrung über das Beten, Bibellesen und die Gemeinschaft bis hin zu Tod, Gericht und Himmel. Ein praktisches, leicht lesbares Buch, das konkrete Hilfestellung auf dem Glaubensweg geben will.

**Gebunden, 13,5 x 20,5 cm, 224 S.,
mit Schutzumschlag
Nr. 226.466**

SCM R.Brockhaus

Ulrich Parzany
Hallo, hört mich einer?
Verbindung unter »Vater unser«

Beten war kein religiöses Ritual für Jesus. Als er auf der Erde war, sprach er mit Gott wie mit einem Vater. In zeitgemäßer Sprache betrachtet Ulrich Parzany die einzelnen Bitten des Vaterunsers. Gut zum Weitergeben geeignet.

**Gebunden, 10,5 x 13,5 cm, 128 S.
Nr. 395.117**

SCM Hänssler

Ulrich Parzany
Täglich rufe ich zu dir
Mit Ulrich Parzany durch die Psalmen

Ulrich Parzany möchte mit diesem Andachtsbuch dazu herausfordern, täglich nicht nur einen Psalm zu lesen, sondern ihn ganz bewusst zu beten. Dazu bietet er mit seinen Auslegungen zu jedem Psalm, die vor oder nach dem Gebet gelesen werden können, wertvolle Hilfen an.

**Gebunden, 12 x 18 cm, 176 S.,
mit Lesebändchen und Magnetklappe
Nr. 226.351**

SCM R.Brockhaus